Heidi Grund-Thorpe

Knaurs
Farb- und Stilberatung

Für ihn

Heidi Grund-Thorpe

Knaurs
Farb- und Stilberatung

·················· Für ihn ··················

Inhalt

Der perfekte Auftritt

Vertreten Sie die Meinung, Mode und Stil seien Frauensache? Anscheinend nicht, denn sonst würden Sie diese Zeilen nicht lesen. Ob Sie nun das Buch geschenkt bekommen oder es selbst gekauft haben, lassen Sie sich einfach verführen, ein wenig in dieser vermeintlich weiblichen Domäne zu wildern. Denn auch wenn Sie es am Anfang nicht für möglich halten, dass Sie von einer Farbberatung profitieren könnten, werden Sie doch mit ziemlicher Sicherheit am Ende Ihre Farbwelt mit anderen Augen betrachten. So manch alte Gewohnheit, die Sie im Laufe der Lektüre als kleinen Fehltritt erkennen, können Sie dann leichten Herzens über Bord werfen. Wenn Sie die Ratschläge beherzigen und einige neue Farbzusammenstellungen ausprobieren, werden Sie nicht nur besser aussehen, sondern sich auch wohler fühlen und automatisch selbstbewusster auftreten.

Die Zeiten, als Männer das Vorrecht hatten, an ihrer Karriere zu basteln, sind vorbei. Stellen Sie sich einmal die Situation vor, Sie selbst und eine Frau mit gen. Dadurch lässt sich die Ungereimtheit erklären, dass der eine Betrachter Türkis den blauen Farben und der andere den grünen Farben zuordnet.

Eine Flut an Farben

Egal, wo Sie sich befinden, Farben sind überall. In Ihrer Wohnung, Ihrem Arbeitsbereich, dem Getränk in Ihrem Glas, den Blumen im Garten – eine regelrechte Flut an Farben umgibt uns. Zum Glück sind wir von der Natur mit einem Gefühl für passende Farbkombinationen ausgestattet worden. Das zeigt sich darin, dass Sie bestimmte Zusammenstellungen als harmonisch, andere als aggressiv wahrnehmen.

Farbzusammenstellungen in der Natur empfinden wir immer als äußerst harmonisch, denken Sie einmal an die Rot-, Braun- und Grüntöne eines Herbstwaldes oder die Farben eines Sonnenaufgangs in allen Rot-, Gelb- und Blauschattierungen. Niemals kämen Sie auf die Idee zu sagen, das reflektierende Rosé der Wolken passe nicht zum strahlenden Orange der Sonne. Farben, die von Menschenhand zusammengestellt sind, können dagegen leicht irritieren, wenn Sie nicht gekonnt kombiniert werden. Manchmal sind diese Effekte gewollt, oft sind sie auch unbeabsichtigt. Wenn ein Designer bestimmte Farbgesetze nicht befolgt hat, erweisen sich Sakkos genau wie Sofas schnell als Ladenhüter.

Welche Farben harmonieren?

Betrachten Sie dazu den einfachen Farbkreis auf der nächsten Seite. Die Grundfarben sind Blau, Rot und Gelb. Diese Farben lassen sich nicht durch Mischungen herstellen, es sind reine Farbpigmente. Zwischen Blau und Rot liegen alle Violetttöne, zwischen Rot und Gelb alle Nuancen von Orange und auf der Skala von Gelb nach Blau alle Arten von Grün.

Besonders harmonisch sind Farben, die nebeneinander liegen. Eine extreme Steigerung der Farbwirkung wird durch Kombinationen von Farben erreicht, die einander gegenüberliegen, wie z. B. Orange mit Blau. Die von der Natur vorgegebenen Farben harmonieren immer. Das gilt auch für die ganz persönliche Haut- und Haarfarbe eines Menschen.

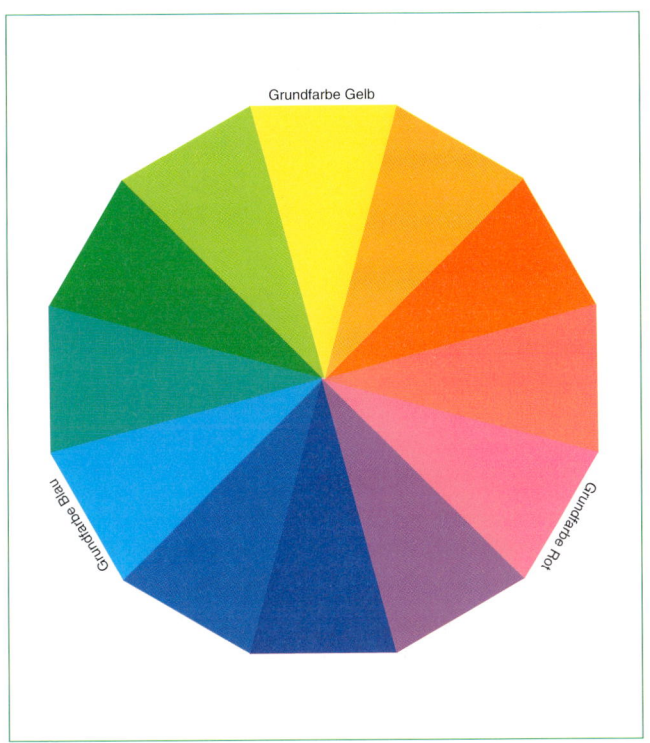

Der Farbkreis zeigt die Grundfarben Rot, Blau und Gelb und einige dazwischenliegende Farbtöne.

Woher kommen unsere Farben?

Die Hauttönung wird vom Melanin, dem Farbstoff der Pigmentzellen, und vom Hämoglobin, dem roten Blutfarbstoff, erzielt. Melanin beeinflusst die individuelle Bräunung der Haut unter Sonneneinstrahlung, Hämoglobin wirkt auf den Rotton Ihrer Haut ein. Das Mischungsverhältnis von Melanin und Hämoglobin bestimmt bei jedem Menschen, ob der Grundton der Haut eher bläulich kühl oder warm und golden ist.

Ihre Augenfarbe stammt aus derselben Farbskala wie Ihr Hautton, denn andere Farben erzeugt Ihre Mischung aus Melanin und Hämoglobin nicht. Oft zerstören wir selbst diese natürliche Harmonie, indem wir uns von modischen Tendenzen leiten lassen. Wählen Sie etwa ein Hemd in blaustichigem Rot zu Ihrem gelbgoldenen Hautton, gerät der Einklang Ihrer Farben aus dem Gleichgewicht, und der Gesamteindruck wird empfindlich gestört.

Natürlich stellt sich die Frage, warum uns solche Fehler unterlaufen, obwohl wir doch einen angeborenen Sinn für die Zusammenstellung von Farben haben.

Farbvorlieben

Der Hauptgrund, warum wir uns selbst manchmal mit Farben umgeben, die nicht zu uns passen, ist der, dass jeder bestimmte Farbvorlieben hat. Leider entsprechen diese Favoriten nicht immer den Farben, die mit unseren Grundtönen harmonieren. Ein zitronengelber Pullover, von dem Sie magisch angezogen werden, weil die Farbe eine gute Stimmung bei Ihnen auslöst, kann Ihren warmen Hautton vollkommen krank aussehen lassen.

Managementtrainer machen sich die Wirkung der Farben zu Nutze: Rot etwa wirkt anregend und stimulierend.

Lieben Sie dagegen warmes Braun oder Olivgrün, haben aber einen eher kühlen Teint, wirken Sie in diesen Farben blass und abgespannt.

Wunsch und Wirklichkeit

Eine große Rolle bei der Auswahl von Farben spielt natürlich auch die Beeinflussung durch die Mode. Überall hängt in den Geschäften und Boutiquen Kleidung in aktuellen Modefarben, man wird mindestens zweimal im Jahr von den neuesten Trends wie von einer Welle erfasst und mitgerissen. Diktiert der Trend für die Herbstmode Messing und Oliv, dazu ergänzend warme Brauntöne in allen Schattierungen, so werden Sie vielleicht dazu verführt, zu entsprechenden Hemden zu greifen, auch wenn Ihnen eher kühle Farben stehen.

Dazu kommt, dass es ungeheuer schwierig ist, sich ein objektives Bild von sich selbst zu machen. Denken Sie nur an einen Teenager, der mit verschiedenen Stilvorgaben experimentiert: Einmal kommt er als Biker, dann als geschniegelter Popper und schließlich im Baggylook daher, ohne zu wissen, wie er wirklich aussieht und wirkt.

Es gehört schon etwas Mut dazu, aus dem Einerlei der gedeckten Farben auszubrechen.

Blockiert wird die objektive Wahrnehmung zum einen von festen Vorstellungen, wie man gerne aussehen würde – nicht selten geprägt von Idolen aus Medien und Werbung. Andererseits hegen Sie vielleicht eine Abneigung gegen gewisse ererbte Merkmale, die Sie am liebsten gar nicht sehen möchten.

Farben und Stimmungen

Im Laufe des Lebens ändern sich unsere Vorlieben für bestimmte Farben. So ist erwiesen, dass Kinder besonders gerne Rot- und Gelbtöne mögen, weil diese eine gewisse Geborgenheit vermitteln. Später stellt sich ein Wechsel zu Blau und Grün ein, und oft erfolgt in der Pubertät der Griff zu Schwarz, um sich abzugrenzen. Bei Erwachsenen hat sich die Lieblingsfarbe meistens eingependelt. Selten wechselt sie vollständig, häufig handelt es sich nur um eine Variation in den Tönen, nicht aber in der Grundfarbe.

Im Alter ziehen die meisten Menschen Pastelltöne vor, die zu natürlich ergrauten Haaren auch viel besser passen.

Die Farbe der Kleidung ist auch ein geeignetes Mittel, unsere gegenwärtige Stimmung auszudrücken. Das ist vollkommen in Ordnung, denn Sie sollten auf keinen Fall ein Dogma aus dem Wissen machen, das Sie sich hier erwerben. Wenn Sie sich an bestimmten Tagen besser in einer Farbe fühlen, die Ihnen eigentlich »nicht steht«, dann tragen Sie sie ruhig, denn entscheidend ist, dass Sie sich wohl fühlen.

Farben und Farbtypen

Wie Sie bereits gelesen haben, unterscheidet man warme und kalte Farben. Je nach Ihrer natürlichen Farbgebung harmoniert dann eher die eine oder die andere Gruppe mit Ihrem Aussehen. Wir werden noch sehen, wie Sie Ihren persönlichen Farbtyp herausfinden können – wichtig ist zunächst festzustellen, dass abgesehen von wenigen Ausnahmen die meisten Farben in beiden Varianten vertreten sind. Sie müssen also nicht enttäuscht feststellen »Rot steht mir ja gar nicht«, sondern es handelt sich meist nur um eine Frage der Abstufung. Haben Sie sich einmal an die »warme« oder »kalte« Interpretation Ihrer Lieblingsfarbe gewöhnt, werden Sie durch ganz neue Kombinationsmöglichkeiten belohnt – und sicherlich auch mit dem einen oder anderen Kompliment über Ihr gutes Aussehen. Schulen wir also zunächst unseren Blick für »Warm« und »Kalt«.

Vergleichen Sie die obere und die untere Reihe der unten stehenden Abbildung. Unter dem oberen »warmen« Feld liegt jeweils ein Gegenstück, das mit »kühlen« Farben abgetönt ist. Wie Sie sehen, kommt es nur auf die Nuance an, denn in beiden Feldern sind Rot-, Grün- und Blautöne vertreten. Sie unterscheiden sich lediglich durch ihre Beimischung. Generell kann man für alle – auch nicht hier abgebildete – Töne sagen: Warme Farben entstehen durch einen Mix mit Gelb oder Rot bzw. beiden Farben, kühle dagegen sind immer mit Blau vermischt.

Die oberen Farbfelder sind warm, also mit Rot oder Gelb abgetönt, die unteren wirken durch den Blauanteil kühl.

»Kalte Farben«

In den nebenstehenden Farbskalen sehen Sie verschiedene Varianten kalter Farbtöne. In dieses Spektrum gehören viele pastellige und pudrige, rauchige und so genannte eisige Farben. Sollte sich nach dem Studium der nächsten Seiten herausstellen, dass Sie ein Sommer- oder Wintertyp sind, dann sind dies die Farben, die am besten zu Ihnen passen, auch wenn sie Ihnen jetzt noch ungewohnt oder fremd erscheinen sollten.

Wenn Sie einige davon ganz mutig ausprobieren, werden Sie vielleicht überrascht feststellen, dass Ihnen auch Farben stehen, von denen Sie immer überzeugt waren, dass sie völlig ungeeignet wären. Ein pinkfarbenes T-Shirt? Ein zartgrünes Hemd? Niemals hätten Sie gewagt, das anzuziehen!

Abgesehen von gesellschaftlichen Einflüssen und modischen Trends hängt diese Fehleinschätzung häufig vom Urteil anderer ab.

Das fängt bei der Mutter an, die Ihren Sohn lieber in Dunkelblau hüllt, damit er nur ja seriös wirkt, und reicht bis zu einer Freundin, die angeblich den »absoluten« Geschmack in Modedingen und Treffsicherheit in Stilfragen hat. Aber auch die sieht Sie nur durch den »Filter« ihrer eigenen Wahrnehmung und eigenen Vorlieben. Mag sein, dass sie für sich selbst das Richtige wählt, aber übertragen lässt sich das meistens nicht, es sei denn, es handelt sich tatsächlich um eine geschulte Farbberaterin!

Wie wir noch sehen werden, kann jeder Farbtyp so seriös oder peppig, so modisch oder konservativ auftreten, wie es ihm behagt. Es kommt lediglich auf die kluge Kombination der Farbvarianten untereinander an.

Wenn Sie erst einmal gemerkt haben, dass Sie mit einigen Farben gut, aber mit anderen absolut super aussehen, können Sie sicher sein, dass sich das auch auf Ihr ganz persönliches Wohlbefinden auswirkt.

»Warme Farben«

Auch bei der Skala der warmen Farbtöne ist für jeden Geschmack etwas dabei, entscheidend sind wieder die feinen Nuancen. Optimal sind für warme Farbtypen, zu denen man die Frühlings- und Herbsttypen zählt, die Gelb- und Rottöne, die auch den anderen passenden Schattierungen zugrunde liegen. Hier steht Ihnen eine wirklich breite Palette zur Verfügung. Auch die Naturtöne sind bestens vertreten, wie das Grün in seinen Abstufungen von Oliv- bis Maigrün. Wie Sie sehen, müssen Sie auch auf Blau keinesfalls verzichten, das jedoch immer einen rötlichen Stich ins Violett oder Fliederfarbene aufweist.

Wenn Sie sich jetzt fragen, wie Sie beim Einkauf eines Kleidungsstücks denn jemals den richtigen Farbton herausfinden sollen – keine Angst, mit etwas Übung werden Sie absolut treffsicher in Ihrer Beurteilung!

Die Einteilung in kalte und warme Farben ist die wichtigste Grundregel für die farbliche Zusammenstellung Ihrer Garderobe.

Ein Mann, dem warme Farben stehen, wirkt mit Tönen aus der »kalten« Palette nicht etwa hässlich – aber wer möchte nicht gerne so attraktiv wie möglich aussehen? Und das tun wir eher, wenn wir typgerechte Farben wählen. Natürlich gehört zu einer positiven Ausstrahlung noch mehr: Ein gewinnendes Lächeln, eine gepflegte Gesamterscheinung tragen viel dazu bei, Ihre persönlichen Vorzüge ins rechte Licht zu rücken.

Sollten Sie das Gefühl haben, sich zu Hause mit einer ganz anderen Farbe umgeben zu wollen, so hat auch dieser Impuls seine Richtigkeit. Farbtherapeuten verweisen schon lange auf die beruhigende oder anregende Wirkung bestimmter Farbzusammensetzungen. Wenn Sie ein sehr aktiver und gestresster Typ sind, kann z. B. eine blaue Tapete beruhigend und ausgleichend wirken.

Einteilung nach Jahreszeiten

Wie so vieles kommt die Idee der Farbberatung mit der Gliederung in Frühlings-, Sommer-, Herbst- und Wintertyp aus den USA. Sie hat allerdings nichts mit dem Monat, in dem Sie geboren sind, zu tun. Die Einteilung ist trotzdem naheliegend, denn wenn Sie die Farben der Natur im Wechsel der Jahreszeiten betrachten, so zeigen diese charakteristische Farbtöne.

Die Farben von Frühling bis Winter

Stellen Sie sich einmal eine Landschaft im Frühling vor, mit dem sanften, aber frischen Grün der Wiesen und den vielen Frühlingsblumen, die ganz klare Farben haben, aber auch die Wärme der Sonne widerspiegeln, die das Leben in der Natur nach dem Winterschlaf neu

Frühlings- und Herbsttypen stehen die warmen Farben am besten.

erweckt. Diese Farben haben eine leichte und warme Tönung, ganz im Gegensatz zu den zwar ebenfalls warmen, aber kräftigen Nuancen des Herbstes. Im Herbst spielen erdige Braun- und Goldtöne eine größere Rolle. Die Blätter treten den Wechsel vom dunklen Grün zum Farbspiel in allen Rotbraun- und Orangetönen an. Hagebutten und Brombeeren leuchten in sattem Orangerot und Braunviolett.

Die Sommerzeit beschert uns mattere und kühle Farben. Die Sonne lässt viele Blumen und auch Blätter verblassen, es liegt ein leichter Dunst in der Luft. Im Sommer gibt es besonders viele

Zu den natürlichen Farben der Sommer- und Wintertypen passen die kalten Farben.

blaue Blumen im Garten. In ebenso vielen Abstufungen schillern die Grautöne an Gräsern und Edeldisteln. In einer Winterlandschaft überbietet sich die Natur in ihren Kontrasten: Weißer Schnee, ein kräftiger blauer, aber eiskalter Himmel und die kahlen Äste der Bäume stechen voneinander ab. Die Nadelbäume und immergrünen Pflanzen wirken durch die kühle Umgebung intensiver als sonst.

Entsprechend können die meisten Menschen von ihrer natürlichen Farbgebung, das heißt vom Grundton ihrer Haut und Haare her, in vier Farbtypen eingeteilt werden.

Der Frühlingstyp

Männer dieses überwiegend blonden, ausgeprägten Typs sind relativ leicht zu erkennen. Der Gesamteindruck ist hell und warm und selbst bei kräftigeren und athletischen Männern wie Oliver Kahn eher zart.

❖ Ihre Haut ist blass und durchscheinend und hat einen gelblichen bis goldenen Unterton.

❖ Röten sich die Wangen, was bei diesem Typ häufig passiert, ist der Farbton pfirsichfarben-rosig.

❖ Ihre Haut bräunt sehr leicht, die Bräune ist aber immer rötlich gold, niemals olivfarben getönt.

❖ Kommen Sommersprossen vor, haben sie immer einen goldfarbenen Ton.

❖ Auch Wimpern und Augenbrauen weisen einen rötlich-goldenen Unterton auf.

❖ Die Haarfarbe liegt auf der Skala von Flachsblond über Honigblond und Rotblond bis hin zu warmem Hell- oder Goldbraun, hat aber immer einen goldenen Schimmer.

❖ Die Augen sind meist blau oder blaugrün, seltener braun mit goldfarbenen Einsprengseln.

*Eine warmgoldene Farbpalette dominiert die Grundtöne
von Haut und Haaren bei den Frühlingstypen.*

Der Sommertyp

Männer in den nördlicheren Breitengraden gehören häufig zu diesem Farbtyp. Der Sommertyp ist etwas schwieriger einzuordnen, da er in unterschiedlichen Farbzusammenstellungen auftritt. Es gibt jedoch einige »untrügliche Kennzeichen«.

❖ Ihre Haut hat immer einen bläulich-kühlen Unterton, sie ist dabei entweder sehr hell und blass oder rosig und gut durchblutet.

❖ Gehören Sie nicht zu den sehr hellhäutigen Typen, dann bräunen Sie relativ leicht, aber nur bis zu einem hellen Haselnusston.

❖ Sommersprossen sind meistens grau- oder aschbraun, niemals goldbraun, ebenso die Augenbrauen.

❖ Die Haare können sowohl blond als auch mittel- bis dunkelbraun sein und haben immer einen deutlichen Aschton, der überhaupt das herausragende Merkmal der Sommertypen ist. Gegen die Sonne schimmern die Haare also nicht rötlich oder golden.

❖ Unter den Augenfarben herrschen die Blautöne von Graublau bis Blaugrün vor.

*Der Sommertyp wird in seinen Grundfarben stark von
kühlen Blautönen bis hin zum Silbrigen geprägt.*

Der Herbsttyp

Haar und Teint der Herbsttypen haben immer einen warmen, goldenen bis rötlichen Schimmer. Kennzeichnend gegenüber dem Frühlingstyp ist, dass sie nie ein natürliches Wangenrot haben.

❖ Bei einem hellen Hautton ist der Teint gleichmäßig blass und goldgelb, ein dunklerer Teint ist eher rotgold getönt. Sommersprossen kommen häufig vor.

❖ In der Sonne bekommt der hellhäutige Typ sehr schnell einen Sonnenbrand und bräunt insgesamt schlecht, der dunkelhäutige wird »indianerrot«.

❖ Braune Haare haben immer einen warmen Honigton, egal ob sie hell- oder dunkelbraun sind.

❖ Unter den Herbsttypen sind häufig Rotschöpfe zu finden, wobei das Rot immer auf der warmen Farbskala bis hin zum Kastanienrot angesiedelt ist.

❖ Die Haarfarbe war in der Kindheit ähnlich, ist vielleicht nur etwas nachgedunkelt.

❖ Die Augen sind klar und strahlen mit ganz intensiven Tönen, ebenfalls vom hellsten bis dunkelsten Braun, manchmal mit goldenen Einsprengseln.

Der Herbsttyp verdankt seine warme Ausstrahlung seinen satten und kräftigen Grundtönen.

Der Wintertyp

Haut, Haare und Augen bilden hier extreme und klare Kontraste, wobei auch dunkle Farben immer auf der kühlen Farbskala liegen. Viele Südländer, die meisten Asiaten und Männer mit schwarzer Hautfarbe werden ebenfalls zum Wintertyp gezählt.

❖ Beim hellen Wintertyp wirkt die Haut porzellanartig und kühl, in der Sonne wird sie überhaupt nicht oder nur leicht gebräunt.

❖ Dunklere Hauttypen zeigen einen kühlen, leicht olivfarbenen Unterton und bräunen schnell.

❖ Sommersprossen, die selten vorkommen, haben immer einen grauen Unterton.

❖ Die Haare sind dunkelbraun bis blauschwarz, ebenso Wimpern und Augenbrauen.

❖ Sind die Haare hell oder ergraut, bilden sie trotzdem immer einen deutlichen Kontrast zur Haut.

❖ Die Augenfarben heben sich klar und kontrastreich vom Augenweiß ab, meistens ist die Iris intensiv blau, grün, kühl-grau oder dunkelbraun bis schwarzbraun.

Zum Wintertyp mit seinen starken Kontrasten von Haut und Haaren passen eisige und kräftige Farben.

Wie finde ich meinen Farbtyp?

Haut, Haare und Augen sind der Ausdruck Ihrer Persönlichkeit und bestimmen damit auch Ihren ganz persönlichen Farbtyp. Vielleicht ist Ihnen beim Durchlesen der vorhergehenden Seiten schon klar geworden, welcher Gruppe Sie prinzipiell angehören, also den warmen oder kühlen Farbtypen. Sie gehören zu den Ausnahmen, wenn Sie sich bei den Jahreszeitentypen sofort eindeutig wiedergefunden haben. Meistens werfen die Beschreibungen nämlich zunächst mehr Fragen als Antworten auf.

Bei einer professionellen Farbberatung verwendet man zur Bestimmung des Hauttons verschiedenfarbige Tücher.

Entscheidend: der Grundton Ihrer Haut

Ist Ihre Haut warmgolden getönt, oder hat sie einen kühlen, bläulichen Unterton? Das lässt sich dann beantworten, wenn Sie den folgenden einfachen Test mit einem blaustichigen und einem gelblichen Grünton machen.

Dazu kaufen Sie sich im Schreibwaren- oder Bastel-laden zwei Bögen Tonpapier, möglichst in Größe A3, es geht aber auch A4. Noch besser ist es natürlich, wenn Sie Stoffe oder Hemden in den Farben haben, sie dürfen aber nicht zu sehr von den beiden Grüntö-nen abweichen (→ Seite 34 und 35).

Der Frische-Test

Zum Testen, welche der beiden Farben Sie besser aussehen lässt, ist ein heller Platz mit Tageslicht, aber ohne direkte Sonneneinstrahlung geeignet, am besten in einem Zimmer mit Nordfenster. Künstliches Licht, ob von Neon-, Halogen- oder Glühlampen, ver-fälscht das Ergebnis.

Setzen Sie sich in einem weißen T-Shirt, Kittel oder Hemd vor einen möglichst großen Spiegel. Wichtig ist, dass das Weiß nicht gelblich oder bläulich getönt ist. Sind Ihre Haare gesträhnt oder gefärbt, dann kämmen Sie sich diese ganz fest aus dem Gesicht.

Nun halten Sie eines der beiden Tonpapiere direkt unter Ihr Kinn und beobachten dabei gleichzeitig im Spiegel, wie sich Ihr Gesicht verändert. Wirkt es

Warmes Grün oder Oliv ist mit Gelb abgetönt.

frisch und gesund, oder aber müde und leicht abgespannt? Betrachten Sie sich eine Zeit lang, dann nehmen Sie den anderen Bogen und stellen sich dabei die gleichen Fragen. Wichtig ist, dass Sie Ihr Gesicht im Spiegel betrachten, nicht das Papier selbst. Vermeiden Sie auch, Ihre Vorlieben bzw. Abneigungen gegen eine oder beide Farben mit einfließen zu lassen. Wir testen hier ganz wertfrei, ob Ihnen kalte oder warme Farben besser stehen. Wahrscheinlich werden Sie die obigen Fragen nicht sofort beantworten können, lassen Sie sich daher Zeit, und probieren Sie immer wieder im Wechsel die beiden Tonpapiere aus.

Vom Grundton zum Farbtyp

Haben Sie sich entschieden, ob Sie zur warmen oder kalten Farbgruppe gehören, dann schauen Sie sich bitte die Farbstreifen für die einzelnen Farbtypen auf den folgenden Seiten an. Zu den warmen Farbtypen zählen der Frühling und Herbst, zu den kalten der Sommer und Winter. Um hier die weiteren Unterschiede herauszuarbeiten, wäre es ideal, wenn Sie verschiedene Kleidungsstücke, Tücher oder Stoffreste, die auf den Farbstreifen vertreten sind, zur Hand haben. Verfügen Sie nicht darüber, kaufen Sie am besten wieder Tonpapier, und zwar in den Farben, die sich am stärksten widersprechen.

Das sind z. B. beim Frühlings- und Herbsttyp Lachsrosa gegenüber kräftigem Goldorange, zartes Lindgrün gegenüber tiefem Olivgrün. Die Gegensätze des Sommer- und Wintertyps zeigen sich am klarsten bei einem Jeansblau zu einem leuchtenden Royalblau, aber auch bei gedämpftem Blaugrün und kräftigem Blattgrün. Sortieren Sie Ihre Kleidungsstücke entsprechend der Farbmuster, und probieren Sie nacheinander alle Variationen durch.

Das kühle Grün hat einen hohen Blauanteil.

Diese Farben passen zu Ihnen

Wie wir bereits bei unseren Farbskalen auf den Seiten 18 bis 21 gesehen haben, fehlt trotz einer Einteilung in warme und kalte Töne keine der Grundfarben im Angebot für unsere vier Typen. Für einen harmonischen Eindruck kommt es nur auf ihre Mischung und Intensität an. Betrachten wir sie jetzt im Einzelnen.

Die Farben des Frühlingstyps

Helle und warme Farben kennzeichnen die Farbpalette des Frühlingstyps, alle stumpfen Töne fehlen auf seiner Skala. Die Hitliste wird angeführt von:

- ❖ Maigrün, Lind- und Apfelgrün
- ❖ Türkis und Aquamarinblau
- ❖ Kamelbraun, Creme und Beige
- ❖ Lachs, Apricot, Korallen- und Hummerrot
- ❖ Aubergine und Flieder

Der transparente Teint des Frühlingstyps wird durch klare und heitere Farben in seiner Garderobe betont.

• **Gelb** Warmes, freundliches, aber helles Gelb ist ebenso vorteilhaft für Sie wie alle klaren Goldtöne.

• **Grün** Grüntöne, die wirken, als würde die Sonne durch sie hindurchscheinen, unterstreichen Ihren zarten Teint. Das Grün hat einen deutlichen Gelbstich.

• **Blau** Helle, klare Blautöne, denen viel Weiß beigemischt wurde, sind die besten. Alternativ sind die mit rot abgemischten Violettöne zu empfehlen.

• **Braun** Sehr elegant kleiden den Frühlingstypen die immer wieder aktuellen, klassischen Kamelhaartöne, edel kombiniert dazu Wollweiß, und alle weichen Brauntöne.

• **Weiß** Apropos Weiß: Mit einem reinen Weiß wirkt ein Frühlingstyp leicht älter, dagegen betonen Cremeweiß und Eierschalenfarben Ihren Teint. Toll wirken diese Farben mit glänzenden Stoffen oder Nylon.

• **Orange** Vorsicht bei Orange! Sie sollten eher zu den sanfteren Mischungen greifen, die mit Gelb abgetönt sind. Pfirsich harmoniert als Farbe optimal mit dem warmen Teint des Frühlingstyps.

• *Rot* Auch Ihre Rottöne sollten immer mit Gelb abgetönt sein, dabei aber klar und am besten in hellen Abstufungen gewählt werden. Korallenrot sollte der kräftigste Rotton sein, auch ein sanftes Hummerrot betont Ihren Typ.

• *Violett* Dunkles Violett sollten Sie mit der Ausnahme von Aubergine meiden. Ein heller, warmer Fliederton unterstreicht die Transparenz Ihrer Erscheinung ebenso wie ein zartes, rötliches Lila.

• *Schwarz* Dieses sollten Sie, wenn irgend möglich, meiden, denn es »erschlägt« Ihre Erscheinung. Wenn es unbedingt sein muss, dann nur in geringen Mengen in einem Muster oder als Accessoire verwenden.

• *Grau* Ihre Graunuancen sollten stark mit Weiß oder Gelb abgemischt und immer sehr hell sein, dunkleres Grau wirkt zu schwer.

Kombinationen für die Basisgarderobe

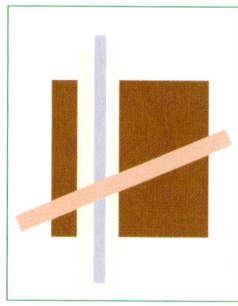

Kombination 1: Creme und Apricot zu Braun

Kombination 2: Vanille und Kamel zu Aubergine

Leider greifen fast alle Männer vor allem in der Geschäftswelt zu dunkler Bekleidung, weil das entweder von ihnen erwartet oder ihnen sogar vorgegeben wird. Wenn Sie hier »mit den Wölfen heulen« müssen, dann sollte der Ton Ihres Anzugs bestenfalls schokoladebraun oder in einem warmen Aubergineton gehalten sein, niemals in reinem Schwarz. Kombinieren sie zu dem schokoladebraunen Anzug ein cremeweißes Hemd oder ein Shirt, auch ein sehr helles Apricot harmoniert hier sehr gut. Ein Anzug in warmem Aubergine wird durch ein Hemd in Vanillegelb ergänzt, besonders edel wirken ein Shirt oder Pullover in Cremeweiß oder Kamelhaartönen.

Probieren Sie aber auch für den Beruf eine helle Kombination aus. Ganz klassisch, aber an Eleganz kaum zu überbieten ist ein kamelfarbenes Outfit. Hier fällt die Zusammenstellung ganz leicht, denn fast alle Farben auf Ihrer Palette ergänzen es hervorragend. Klassisch und sehr edel wirken Kombinationen mit Cremeweiß und Apricot, etwa eine nougatbraune Hose, ein kamelfarbener Blazer und ein cremeweißes oder helles apricotfarbenes Hemd. Gürtel sowie Schuhe dürfen hellbraun oder ebenfalls kamelhaarfarben sein.

Kombination 3: Sanfte Cremetöne

Mutiger und auch von der jeweiligen Mode abhängig ist die Kombination mit Mai- oder Apfelgrün. Absolut modemutige Frühlingstypen tragen auch einmal eine Krawatte in hummerroten Tönen.

Kombination 4: Hummerrot, Maigrün auf Kamel

Die Farben des Sommertyps

Die Farbpalette des Sommertyps wirkt, als hätte sich ein leichter Nebel darüber gelegt. An den Beispielen auf der nächsten Seite sehen Sie, dass hier die mit Blau abgemischten Farben die Favoriten sind. Auch alle rauchigen und mit einem Grauton aufgehellten Schattierungen unserer Grundfarben kommen beim Sommertyp am besten zur Geltung.

Kühle und leicht verwaschene Farbtöne betonen die Eleganz Ihrer Erscheinung, sie harmonieren mit dem leicht bläulichen Teint und den aschfarbenen Haaren. Lassen Sie die Finger von allen grellen und kräftigen Farben, Sie wirken nur müde und abgespannt damit. Die Hitliste der Sommerfarben führen an:

- ❖ Petrol, Türkis und Smaragdgrün
- ❖ Rosenholz, Grau- bis Schokobraun
- ❖ Milchweiß
- ❖ Flieder, Lavendel, Aubergine
- ❖ Himbeer, Kirschrot, Bordeauxrot, Pink
- ❖ Marine, Himmelblau, Taubenblau, Jeansblau
- ❖ Silbergrau

Die Betonung seiner natürlichen Farbgebung gelingt
dem Sommertyp am besten mit Blau- und Violetttönen.

• **Gelb** Breit gefächert ist Ihre Gelbpalette nicht, aber wenn es zu Ihren Lieblingsfarben gehört, weichen Sie auf ein kühles Zitronengelb aus, vielleicht mit einem leichten Stich ins Graue.

• **Grün** Alle blaustichigen Grüntöne sind besonders gut geeignet, Ihren Typ zu unterstreichen.

• **Orange** Diese Farbe gehört nicht in Ihren Kleiderschrank, sie ist einfach zu grell für den Sommertyp.

• **Braun** Eigentlich ist Braun nichts anderes als Orange, das mit Grau und Blau gemischt wird. Aber grau- oder rosagetöntes Braun in allen helleren Schattierungen kann auch der Sommertyp gut tragen. Ihr dunkelstes Braun sollte immer noch einen Rosastich haben.

• **Weiß** Ein reines, ungebrochenes Weiß ist zu hart und uncharmant für Sie, aber ein leicht rosiges oder gräulich abgetöntes Weiß ergänzt Ihre dunkleren Grundfarben. Achten Sie darauf, dass es keinen Gelbstich hat.

• **Violett** Ein breites Spektrum geeigneter Farben weist auch die Violettskala des Sommertyps auf, hier dürfen Sie vom hellsten bis zum dunkelsten Ton greifen, immer vorausgesetzt, er ist nicht knallig.

• **Rot** Mit der richtigen Mischung sind auch gedämpfte, fruchtige Rottöne ein Treffer. Selbst ein blaustichiges Pink ist bestens für Sie geeignet.

• **Blau** Jedes leicht rauchig abgetönte Blau bis hin zum Dunkelblau steht Ihnen optimal. Glückwunsch, denn der Sommertyp ist der absolute Jeanstyp!

• **Schwarz** Ein tiefes Schwarz ist in den meisten Fällen nicht passend, es sei denn, Sie sind ein Mischtyp zwischen Sommer- und Wintertyp. Besser ist das dunkelste Anthrazit, das es gibt.

• **Grau** Sie können alle Grautöne wählen, die silbrig schimmern oder mit pudrigem Rosa abgemischt sind; kombinieren Sie diese jedoch mit lebhafteren Farben.

Kombinationen für die Basisgarderobe

Kombination 1: Blaugrün zu Dunkelblau

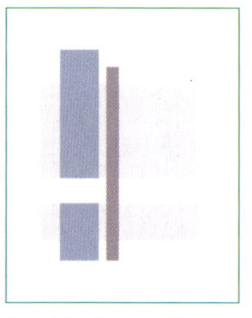

Kombination 2: Graublau zu Hellgrau

Wenn Sie eine dunkle Ausgangsfarbe für Ihre Grundgarderobe wählen, dann sollte das unbedingt ein rauchiges Dunkelblau oder ein dunklerer Brombeerton sein. Auch ein sehr dunkles Grau mit einem rosa Stich wäre denkbar, obwohl hellere Graunuancen günstiger sind. Die Investition in einen schwarzen Anzug lohnt sich dagegen nicht, denn diese Farbe ist einfach zu hart für Ihren Typ. Zu einem dunkelblauen Anzug können Sie natürlich alle weiteren Blautöne tragen. Frisch und ungewöhnlich wirkt z.B. auch ein Hemd in einem hellen Blaugrün. Zum Anzug passende Gürtel und Schuhe sollten ebenfalls dunkelblau sein oder schwarz mit einem Stich ins Blaue (Kombination 1).

Elegantes Understatement verbreitet ein Anzug in einem hellen Grauton. Dazu kombinieren Sie ein Hemd in Graublau mit weißen Streifen und eine Krawatte mit fliederfarbenen und blauen Mustern oder, ganz edel, ein wollweißes (nicht gelbstichiges) Hemd oder Shirt.

Optimal für den Sommertyp sind Jeansstoffe, und idealerweise finden Sie auch Bekleidungsstücke in Jeansfarben für Ihr Business-outfit. In der Freizeit sollten Sie ganz auf die bequemen Dauer-brenner setzen! Eine konventio-nelle, aber edle Kombination zu Jeans sind Dunkelblau oder auch Dunkelbraun, die den Sommertyp bestens unterstreichen. Natürlich passen auch alle kühlen Grüntöne wie Blaugrün, Smaragd oder Tür-kis zu Ihrer Lieblingsjeansjacke.

Kombination 3: Jeans mit Zitronengelb

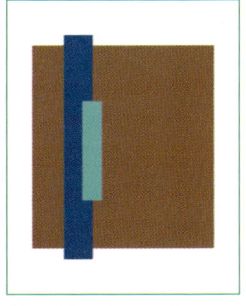

Kombination 4: Jeans mit Schokobraun

Die Farben des Herbsttyps

Wie an einem sonnigen Tag im Herbst, so leuchten die Farben des Herbsttyps. Ein warmes Gold durchfließt alle Grün-, Braun- und Rottöne, und selbst zartere Farben sind auf der Skala vertreten. Eindeutig dominierend sind jedoch die erdigen, rostroten und leuchtenden Farbtöne, wie wir sie aus einer Herbstlandschaft kennen. Im Gegensatz zu den helleren Schattierungen des ebenfalls warmen Frühlingstyps herrschen kräftigere und tiefe Nuancen vor, was aber nicht immer gleich dunkel heißen muss.

Kühle Farben sind als Ausnahme nur bei den Grünnuancen zu finden. Sie sollten sie nie allein tragen, sondern immer mit warmen Farben kombinieren.

Die Hitliste der Herbstfarben umfasst:

- ❖ Olivgrün und Tannengrün
- ❖ Goldgelb und Maisgelb
- ❖ Orange, Messing, Kupfer
- ❖ Beige, Nougatbraun
- ❖ Rostrot, Tomatenrot, Aubergine
- ❖ Petrol und Pflaumenblau

In warmen erdigen und rostroten Farbtönen kommen Herbsttypen am besten zur Geltung.

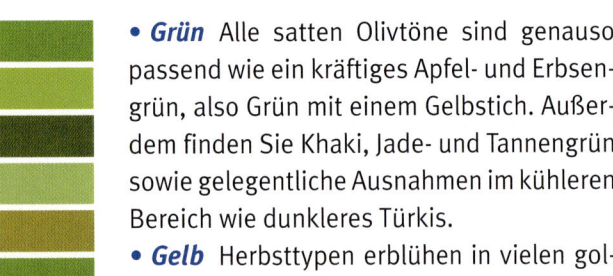

● **_Grün_** Alle satten Olivtöne sind genauso passend wie ein kräftiges Apfel- und Erbsengrün, also Grün mit einem Gelbstich. Außerdem finden Sie Khaki, Jade- und Tannengrün sowie gelegentliche Ausnahmen im kühleren Bereich wie dunkleres Türkis.

● **_Gelb_** Herbsttypen erblühen in vielen golden abgetönten oder gebrochenen Gelbnuancen, ob in Sonnen- oder Senfgelb.

● **_Weiß_** Reines Weiß lässt Sie müde aussehen, besser ist ein gelbstichiges Weiß oder Creme.

● **_Orange_** Besonders gut wirkt – und das nur am Herbsttyp – ein richtig leuchtendes Orange. Daneben stehen die etwas helleren Nuancen, die mit Gelb abgetönt werden. Nutzen Sie diese Chance, typgerecht Farbe zu bekennen!

● **_Braun_** Alle warmen Nuancen vom satten Beige bis zum dunkelsten Braun sind ideal für die Herbsttypen, denen Naturtöne besonders gut stehen. Besonders vorteilhaft sind auch ins Rötliche spielende Brauntöne wie Kupfer und Rostbraun.

• *Rot* Alle warmen, deftigen Rottöne, die einen deutlichen Gelbstich aufweisen, aber auch hellere Mischungen wie Lachs und Apricot, wie wir sie beim Frühlingstypen antrafen, befinden sich auf der Farbpalette.

• *Violett* Rötliches Violett bildet einen guten Kontrast zu einem kräftigen Teint und rötlichen Haaren. Bevorzugen Sie immer die dunklen und warmen Töne.

• *Blau* Ausgeprägte Blautöne sind, da eher kühl, für den Herbsttyp weniger geeignet, am besten wählen Sie Petrol oder andere Mischungen mit deutlichem Grünstich.

• *Schwarz* Diese Farbe sollten Sie meiden, sie »erschlägt« Ihren goldenen Teint. Setzen Sie Schwarz nur als Akzent in Mustern ein.

• *Grau* Auch ein klares Grau sollten Sie als kühle Farbe eher meiden. Suchen Sie stattdessen nach warmen Graunuancen, die mit Gelb oder Oliv abgemischt wurden.

Kombinationen für die Basisgarderobe

*Kombination 1: Senf-
gelb zu Nougatbraun*

*Kombination 2: Messing-
gelb mit Rostrot*

Um wieder bei einer dunklen Ausgangsfarbe für die Grundgarderobe anzufangen, ist ein dunkles
Nougatbraun gut geeignet. Dazu
kombinieren Sie ein messinggel-
bes oder beiges Hemd. Eine Krawatte in braun-gold-oliv Tönen ist
ideal. Braune Gürtel und Leder-
schuhe ergänzen das Outfit. Senf-
oder Messinggelb als Hemdfarbe
und eine Krawatte oder ein Einstecktuch in Rostrot setzen Farb-
akzente. Alternativ kombinieren
Sie eine rostrote Hose mit einem
messinggelben Pullover und tragen darüber ein gestreiftes oder
kariertes Sakko, das beide Farben
plus Oliv aufgreift.
Probieren Sie doch einmal aus
den helleren Farbtönen Ihrer Skala Goldbeige als Grundfarbe für

den Anzug. Eine olivgrundige Krawatte mit einem Paisleymuster in Gold- und Beigetönen ergänzt ein cremefarbenes Hemd; Gürtel und Schuhe in einem warmen Braunton komplettieren den eleganten Look.

Ist Ihre Lieblingsfarbe Blau, dann käme ein tiefes Blaugrün oder ein dunkles Petrol am besten zur Geltung. Da dies eher seltene Anzugsfarben sind, verlegen Sie sich doch auf Aubergine oder Pflaumenblau. Beides können Sie optimal mit Senf- oder Messinggelb ergänzen. Müssen Sie aus beruflichen Gründen ein weißes Hemd tragen, achten Sie darauf, dass es feine Streifen in diesen Farben hat. Zusammen mit einer Krawatte in beiden Tönen ist dies eine Kombination, die sich nur der Herbsttyp leisten kann!

Kombination 3: Gold mit Oliv und Rotbraun

Kombination 4: Gelb zu Pflaumenblau

Die Farben des Wintertyps

Die kühlsten und klarsten – man sagt auch eisigen – Töne sind das Kennzeichen der Farbskala für die Wintertypen. Sie können viele fröhlich grelle, leuchtende Farben tragen, die andere Männer meiden sollten. Vorsicht jedoch vor gelbstichigen Schattierungen und verwaschenen Farben, wie sie den Sommertyp gut kleiden. Sie sollten den kräftigeren und dunkleren Nuancen den Vorzug geben.

Auch ganz starke Kontraste, allen voran Schwarz-Weiß, kleiden den Wintertyp, denn er zeigt die stärksten Kontraste in Haut und Haaren.

Auf der Hitliste für die Wintertypen stehen folgende Farben ganz oben:

- ❖ Apfelgrün, Blattgrün, Flaschengrün
- ❖ Sonnengelb, Zitronengelb
- ❖ Kirschrot, Rubin- oder Scharlachrot
- ❖ Hell- bis Dunkellila
- ❖ Himbeer, Fuchsia, Eisrosa
- ❖ Enzian, Royal- und Karibikblau
- ❖ Schwarz und Weiß

Der Wintertyp kann einen konservativ dunkelblauen Anzug mit kräftigen Farben in Krawatte und Hemd beleben.

• **Grün** Haben Sie eine Vorliebe für Grün, sollten Sie zu ganz klaren und leuchtenden Gründtönen greifen. Pastellige Nuancen sind ebenso wie dunkle erlaubt, meiden Sie nur verwaschenes oder gelbstichiges Grün.

• **Gelb** Viele Gelbtöne sind zu warm für Sie; ausgesprochen kleidsam wirken dagegen die leuchtend-grellen Nuancen, die niemand sonst tragen kann. Sie sind gute Partner für Ihre dunkleren Anzugfarben.

• **Braun** Braun ist nur in den kühlen Bereichen zu empfehlen, und dann auch möglichst dunkel, etwa wie dunkelste Zartbitterschokolade.

• **Orange** Orange ist nicht »Ihre« Farbe, aber wenn Sie nicht davon lassen können, wählen Sie für einen extrastarken Auftritt ein kräftiges helles Rotorange, und kombinieren Sie es mit Knallgrün.

• **Rot** Alle klaren, kräftigen Rottöne mit Blaustich passen zu Ihnen und lassen sich prima mit Schwarz kombinieren.

• **Violett** Blauviolett sollte zu Ihren Favoriten zählen. Ob hell oder dunkel, wichtig ist, dass die Lilatöne nicht verwaschen oder rauchig aussehen.

• **Pink** Auch viele Pinktöne in kräftigen Variationen sind ebenso wie ein sehr helles, eisiges Rosa auf der Farbpalette der Wintertypen vertreten.

• **Blau** Jedes kräftige Blau, das alle anderen Typen »glatt erschlagen« würde, ist richtig. Wer es gedeckter bevorzugt, greift zu Nacht- und Marineblau.

• **Grau** Kühles Grau mit deutlich bläulichem Unterton in vielen Abstufungen von hellem Silber bis hin zum dunkelsten Anthrazit sind ideale Basisfarben für Sie.

• **Schwarz** Der einzige Farbtyp, der Schwarz tragen kann und darf, ist der Wintertyp, und zwar unabhängig von Mode oder Zeitgeist!

• **Weiß** Kaltes, bläuliches oder ungebrochenes Weiß ist ideal, auch in Verbindung mit Schwarz.

Kombinationen für die Basisgarderobe

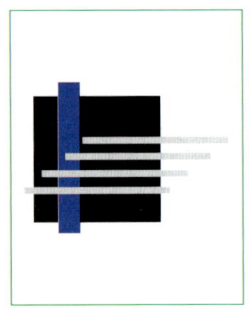

Kombination 1: Silber zu Schwarz und Blau

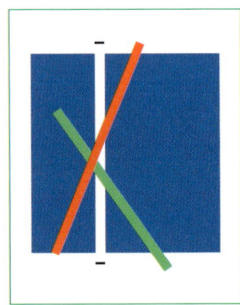

Kombination 2: Weiß, Rot und Grün zu Blau

Dem Wintertyp ist (fast) alles erlaubt, was andere Männer meiden sollten, denn kräftige Kontraste unterstreichen seinen Typ. Selbst die Farben, die sich im Farbkreis gegenüber liegen, sind für Sie optimale Kombinationspartner, vorausgesetzt, Sie bleiben bei den kalten Farbtönen.

Da Schwarz »Ihre« Farbe ist, können Sie auch bei Ihrer Grundgarderobe zu Schwarz als Ausgangsfarbe greifen. Je nachdem, wie stark Sie auffallen möchten oder im Job dürfen, tragen Sie ein royalblaues Hemd zum schwarzen Anzug. Silberne Accessoires sowie schwarze Schuhe komplettieren diesen extravaganten Look. Etwas zurückhaltender ist die Kombination mit einem silbergrauen Hemd. Eine Krawatte in Schwarz-Weiß-Grau mit Andeutungen von Pink, Rot oder Gelb macht das Ganze etwas fröhlicher; Sie können aber auch Farbe durch Streifen oder Karos im Hemdenstoff ins Spiel bringen. Als weitere Basisfarbe ist Ihnen Blau zu empfehlen, um dem Businesslook zu entsprechen. Klassisch ist die Kombination mit Weiß und Rot; sind Sie mutig, wählen Sie ein leuchtendes Grün dazu. Möchten Sie dagegen Ton in Ton bleiben, ist helles Türkis eine gelungene Ergänzung.

Kombination 3: Blau mit Türkis und Grün

Im Freizeitbereich erzielen ein karibikblauer Blouson oder Pullover einen erfrischenden Kontrast zu einer schwarzen oder weißen Hose. Ein Hemd mit türkisfarbenen Streifen wäre dann auch hier das Tüpfelchen auf dem »i«.

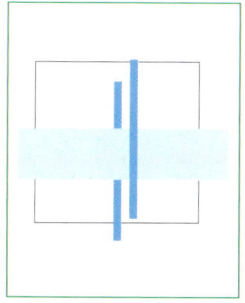

Kombination 4: Weiß mit Türkis und Blau

Sonderfälle
Schwarz, Weiß, Gemustert

Schwarz und Weiß sind ursprünglich weder warm noch kalt, aber es gibt sie kaum in ganzer Reinheit. Durch Material und Oberfläche erhalten sie beim Färben oder im Fall von Weiß beim Bleichen eine leichte Tönung. Die lässt sich natürlich nur durch etwas Übung erkennen, aber wenn Sie dieses Buch durchgelesen und -gearbeitet haben, wird Ihr »Farbblick« äußerst treffsicher.

Schwarz

Wie Sie schon auf den vorhergehenden Seiten erfahren haben, ist der Wintertyp der einzige, der Schwarz tragen sollte. Alle anderen, vom Frühlings- bis zum Herbsttyp lassen die Finger davon, wollen sie nicht krank, blass und müde erscheinen. Nun schreibt man aber der Kleiderfarbe Schwarz gewisse Eigenschaften oder Wirkungen zu, die nicht von der Hand zu weisen sind. So grenzt man sich mit Schwarz ganz bewusst vom sonstigen Farbgetümmel ab. Denken

Sie in diesem Zusammenhang an die Pubertät, als man die innerliche Phase der Ablösung nach außen hin gerne mit schwarzer Kleidung demonstrierte. In vielen kreativen Branchen gilt schwarze Kleidung als Erkennungszeichen des Intellektuellen und vielleicht sogar Querdenkers.

Aber Schwarz hat natürlich auch andere und vorteilhafte Seiten, die nicht von der Hand zu weisen sind. Seitdem die Menschheit fähig ist, Stoffe zu färben, gibt es Schwarz, und es wird auch nie aus der Mode kommen. Darüber hinaus wirkt Schwarz immer elegant mit einem Hauch von Luxus, selbst wenn Sie kein Vermögen für Ihre Garderobe ausgeben wollen oder können. Das alles sind durchaus stichhaltige Argumente. Was also ist zu tun? Zuerst einmal achten Sie darauf, welchen Ton das Schwarz hat, denn es gibt bräunliche, rötliche oder bläuliche Nuancen. Vergleichen Sie verschiedene schwarze Kleidungsstücke miteinander! Wählen Sie diejenige

Schwarz bringt andere Farben zum Leuchten und ist daher ideal für ein zeitloses Kleidungsstück, das immer wieder neu kombiniert werden kann.

Schwarz macht blass – hier hilft eine bunte Krawatte.

Nuance, die Ihrem Typ entspricht. Natürlich sollten Sie so wenig wie möglich Schwarz nahe am Gesicht tragen, hier bringt z.B. eine Krawatte mit andersfarbigem Muster Abhilfe.

Für Ihren Abendanzug sollten Sie Materialien wählen, die leicht changieren, wie z. B. Seide. Vergessen Sie aber nicht, dass ein nachtblauer oder flaschengrüner Abendanzug noch weitaus eleganter und origineller wirken können als einfaches Schwarz. Sie heben sich damit von der Masse wohltuend ab und unterstreichen gleichzeitig Ihren Typ auf das Vorteilhafteste. Ich garantiere Ihnen, dass Sie mit der Zeit immer weniger zu Schwarz greifen, sondern vielmehr zu »Ihren« ganz speziellen dunklen Farben. Bei welchen Gelegenheiten ein schwarzer Anzug ein »Muss« ist, erfahren Sie ab Seite 129.

Weiß

Für Weiß gilt das Gleiche wie für Schwarz: Weiße Stoffe sind niemals reinweiß. Von Natur aus haben Wolle und Baumwolle immer einen Beigeton und werden vor dem Färben gebleicht. Auch Naturleinen tendiert leicht ins Gräuliche.

Die Farbe Weiß hat symbolische Bedeutung: Als Zeichen ihrer »Reinheit« und Unschuld werden Bräute ebenso wie Neugeborene in Weiß gekleidet, und auch der Papst trägt als Zeichen seiner Amtswürde Weiß. Mit dieser Farbe wird Sauberkeit assoziiert, was sich die Werbung zu Nutze macht. Denn wer möchte nicht vollkommen sauber und weiß waschen oder »appetitlich« frisch wirken?

Weiß ist nicht gleich Weiß: Je nach Ihrem Farbtyp, können Sie darin kränklich und müde aussehen.

Sicherlich fragen Sie jetzt, wie man Weiß beurteilen kann. Am einfachsten geht das mit einem Blatt Schreib- oder Kopierpapier. Legen Sie es neben Ihr Kleidungsstück, und Sie werden sofort erkennen, ob dieses im Gegensatz zum Papier gelblich wärmer oder bläulich kühler wirkt.

Sind Sie insgesamt ein sehr heller Typ mit hellem Teint, hellen Augen und Haaren, dann sollten Sie sich überlegen, ob Sie Weiß nicht ganz vermeiden, denn es lässt Sie, ob kühl oder warm, leicht langweilig wirken. Greifen Sie dann lieber zu den hellsten Pastelltönen auf Ihrer Farbpalette. Auch gebräunte, dunkle Haut sieht fahl und ungesund aus, wenn sie mit kühlem Weiß konfrontiert wird. Am besten, Sie halten sich an die Vorschläge Ihres Farbtyps zum Thema Weiß, dann können Sie nichts falsch machen.

Muster

Einzelne Farben zu beurteilen fällt ja manchmal schon schwer, aber nach welchen Kriterien werden Muster eingestuft? Gerade eine schön gemusterte Krawatte oder ein Hemd mit plakativen grafischen Mustern geben einem unifarbenen Anzug den ganz persönlichen Pfiff, ist doch die Art des Musters ähnlich einem modischen Glaubensbekenntnis. Zumindest lassen Sie mit dieser Wahl erkennen, ob Sie modisch auf dem Laufenden sind oder ob Sie sich bewusst aus Trends heraushalten und eher zu klassischen Mustern greifen. Um den Grundton oder die kühle bzw. wärmere Farbrichtung zu bestimmen, bedienen Sie sich folgender Tricks.

Legen Sie das Kleidungsstück oder Accessoire ausgebreitet vor sich hin, am besten auf einen weißen Untergrund. Dann schließen Sie die Augen halb, so, als würden Sie blinzeln. Nun verschwimmen die einzelnen Muster miteinander, und es bleibt ein Farbklang übrig, der sich leicht als passend oder unpassend zu Ihrer Farbkarte einstufen lässt. Beurteilen Sie aber nicht nur die Farbe, sondern auch die Art des Musters. Zum Frühlingstyp passen klassische, dezente, kleine Muster in zarten Tönen, ganz im Gegensatz

Viele Muster enthalten Farben, die überhaupt nicht in Ihre Skala passen, aber so lange sie nicht dominieren, ist das kein Problem.

zum Wintertyp, der ohne Probleme kontrastreiche, ausdrucksvolle und große Muster vertragen kann. Lebhafte, tiefgrundige Muster, auch im Country-Stil, sind für den Herbsttyp von Vorteil. Der Sommertyp kommt am besten in dezenten bis verspielten, kleinen bis mittelgroßen Mustern zur Geltung.

Die Basisgarderobe

Nachdem Sie nun Ihren Farbtyp herausgefunden haben, nehmen Sie sich die Zeit, eine kritische Inspektion Ihres Kleiderschranks vorzunehmen. Haben Sie keine Sorge, Sie müssten jetzt einen Großteil Ihrer Garderobe ausmustern! Es geht hauptsächlich darum, die richtigen Farben herauszufiltern und einige Grundkombinationen zusammenzustellen.

Alte Kleidungsstücke integrieren

Zuerst legen Sie alles beiseite für die Kleidersammlung, was Sie zwei Jahre nicht mehr getragen haben, denn das ziehen Sie sowieso nie wieder an. Alle Hemden, Pullover und Shirts, die absolut nicht auf Ihrer Farbskala liegen, bilden einen Haufen. Einen zweiten bilden diejenigen Kleidungsstücke, die sich durch

Färben verändern lassen. Hemden, Pullis und T-Shirts lassen sich mit Stofffarbe aus dem Drogeriemarkt ganz einfach in der Waschmaschine einfärben. Einen dritten Stapel bestücken Sie mit Hosen und Sakkos, die zwar nicht ganz »Ihre« Farben haben, sich aber vielleicht in der Kombination mit einem Oberteil in der »richtigen« Farbe aufwerten lassen.

Auf den vierten Stapel legen Sie Ihre Lieblingsstücke, die Sie auf keinen Fall aussortieren wollen. Der Rest einschließlich Gürteln und Schuhen wandert auf den Altkleiderhaufen.

Aus den noch im Schrank verbliebenen Stücken stellen Sie eine Grundgarderobe zusammen. Probieren Sie auch gleich Kombinationen aus, so brauchen Sie in Zukunft nicht mehr lange zu überlegen, was wozu passt.

Die Wunschliste für Neuanschaffungen können Sie nach dieser Inspektion effektiver zusammenstellen.

Setzen Sie dann mithilfe der folgenden Tipps für das typgerechte Styling einige Schwerpunkte für neue Einkäufe. Wie Sie ab Seite 80 sehen werden, genügen schon drei Basisteile, um Ihrer Garderobe neuen Schwung zu verleihen.

Was ist mein bevorzugter Stil?

Ziehen Sie eher den lässigen Stil mit Lederjacke und Jeans vor, geht Ihnen Eleganz über alles, oder darf es ruhig etwas sportlicher sein? Vielleicht haben Sie Gefallen an einer eher extravaganten Linie der Mode gefunden, die sehr minimalistisch und puristisch ist. Oder tragen Sie von allem etwas, je nach Lust, Laune und Tageszeit? Vermutlich hängt der Stil Ihrer Bekleidung auch von der Situation ab, denn selbst wenn Sie sich privat lieber lässig kleiden, wird im Berufsleben von Ihnen sehr häufig eine klassische und konservative »Uniform« verlangt.

Der Stil ist in erster Linie Ausdruck Ihrer Persönlichkeit; beim Businesslook müssen Sie sich natürlich auch nach den Vorschriften Ihres Arbeitgebers richten.

Haben sie einmal Ihren eigenen Stil gefunden, dann sollten Sie versuchen, diesen auf alle Bereiche, natürlich innerhalb eines gewissen Rahmens, auszudehnen, denn es ist Ihr Stil, der zu Ihnen passt. Viele erstklassige Modelabels entwickeln parallel laufende Konfektionslinien, z. B. eine am Business

Wenn Ihnen der jungenhaft-lässige Stil so gut steht, können Sie weitgehend auf die Zwänge einer Krawatte verzichten.

orientierte klassische Richtung, eine legere für den modischen Geschäftsmann oder die gehobene Freizeitaustattung, und auch die sportliche Version ist bei fast allen Designern vertreten. Glaubt man ihnen, so ist erlaubt, was gefällt: Der modebewusste Herr trägt heute vom englischen Country- bis zum Gold-und-Glitzer-Look alles.

Männlich lässig

Dieser Stil ist vor allem im Freizeitbereich vertreten, denn die Hauptzutaten sind Jeans, T-Shirt und Biker-

jacke, ob aus Leder oder Stoff. Auch hier ist es ohne weiteres möglich, auf die Farbtypen einzugehen, denn schließlich gibt es nicht nur schwarze, sondern auch braune Lederjacken. Und wenn es unbedingt Schwarz sein muss, dann achten Sie auf den Ton. Geht er eher in Richtung Braun oder Blau? Nieten, Druckknöpfe und Schließen

Lässig wirkt auch eine braune Lederjacke.

sollten idealerweise in Silber für die kühleren und Gold für die wärmeren Farbrichtungen gehalten sein. Entscheidend ist jedoch die Farbe des Shirts oder Pullovers, den Sie dazu tragen. Sie sollte auf jeden Fall in einem Farbton Ihrer Farbkarte liegen. Auch Schuhe und Gürtel müssen vom Stil her zusammenpassen, denn alle Einzelteile prägen das Gesamtbild.

Klassisch und elegant

Bevorzugen Sie den klassisch eleganten Stil, dann ist es relativ einfach, Bekleidung dieser Art zu finden. Vom teuersten Herrenausstatter bis zum günstigen Kaufhaus ist dieser Sektor vertreten. Gerade bei diesem Stil, der sich nicht so stark an Modetendenzen orientiert bzw. sich nicht so grundlegend von Saison zu Saison ändert, sollten Sie erwägen, sich eine Basisgarderobe von hoher Qualität und ausgezeichneter Verarbeitung zuzulegen. Da Sie einen Anzug oder Sakko und auch Hosen ohne weiteres drei bis vier Jahre tragen können, lohnt sich eine höhere Investition, denn es wäre schade, wenn der Stoff eines gut sitzenden Anzugs nach zweimaligem Reinigen

Ein Klassiker in den Farben des Herbsttyps.

glänzend und damit untragbar wird. Zum Anzug oder einer Hosen-Sakko-Kombination wird ein farblich passendes Hemd kombiniert; eine Krawatte ergänzt das Outfit und bildet gleichzeitig einen optischen Blickfang. Sie können eine Krawatte auch durch einen Schal ersetzen, der im offenen Hemdkragen getragen wird. Spezielle Herrenschals haben auf einer Seite eine kleine Schlaufe, durch die das andere Schalende gezogen und damit fixiert wird.

Tragen Sie unbedingt einen Gürtel, der vom Stil her genauso elegant ist wie die Bekleidung. Die gleiche Farbe wie der Gürtel sollten auch die Schuhe haben. Socken oder knielange Strümpfe wählen Sie in einem dunklen Farbton, stimmen Sie diesen auf die Hose und die Farbe der Schuhe ab. Accessoires wie Uhren und Schmuck sind zurückhaltend und dezent in den Metallfarben Ihres Farbtyps gehalten. Für kühlere

Tage oder im Winter ist ein Trenchcoat mit heraus-
knöpfbarem Futter ein Allroundbegleiter. Probieren
Sie ihn beim Einkauf immer mit einem Sakko darunter an, damit er weit genug ist. Betont elegant ist im
Winter ein ein- oder doppelreihig geknöpfter, knie-
oder wadenlanger Mantel aus Wolle oder Kaschmir.

Sportlich und leger

Liegt Ihnen der sportlich legere Stil und erlaubt es Ihr
Beruf, dann haben Sie sehr viele Möglichkeiten, sich
so zu kleiden. Es gehört nur etwas
Fingerspitzengefühl dazu, wie Sie
den Stil zu bestimmten Ereignis-
sen interpretieren. So ist im normalen Geschäftsalltag eine Jeans
mit Sakko oder auch nur mit
Hemd oder Pullover sicherlich
angebracht, dagegen sollten Sie
bei Besprechungen mit Vorge-
setzten oder Firmenpartnern die Jeans gegen eine
Hose austauschen, zu der Sie in jedem Fall Hemd und
Sakko tragen. Ob Krawatte oder nicht, hängt davon

*Wenn Sie ein Ein-
stecktuch tragen
möchten, sollte es
immer aus Seide
oder Leinen sein
und dezent die Kra-
wattenfarben auf-
greifen.*

ab, was Ihr Arbeitgeber zu solchen Gelegenheiten erwartet. Vergessen Sie aber nie, einen Gürtel zu tragen, ob zur Jeans oder einer normalen Hose. Hosenträger dagegen sind wie eine Art Glaubensbekenntnis, man trägt sie immer oder nie. Vor ein paar Jahren war es Mode unter den Börsenbrokern, rote Hosenträger unter dem Sakko zu tragen. Sicherlich haben einige davon diese Mode beibehalten, ist es doch auch eine Art, Humor und Farbe in die normalerweise eher sachbetonte Finanzwelt zu bringen.

Zur sportlich legeren Erscheinung passt vom Slipper

Sommerlich leger und doch gut angezogen.

über den Schnürschuh bis zu Stiefeletten eigentlich alles Schuhwerk. Achten Sie unbedingt darauf, dass die Schuhe, gleich welcher Art, immer absolut gepflegt sind. Schiefe Absätze und durchgelaufene Sohlen gehören sofort zum Schuster, und Schuhspanner helfen unschöne Gehfalten vermeiden, aus denen später Risse werden.

Als wärmende Ergänzung an kalten Tagen ist ein Trenchcoat gut geeignet. Zeitlose Dufflecoats, Barbour- oder Burberry-Mäntel harmonieren perfekt mit dem Auftritt im sportlichen Stil.

Puristisch und schlicht

Diesen Stil prägt die Kunst des Weglassens im Sinne von »weniger ist mehr«. An Sakkos finden Sie kein überflüssiges Detail, alles folgt dem Designerprinzip »form follows function«. Besonders gerne werden Reißverschlüsse, oft auch verdeckt, oder unsichtbare Knopfleisten als Verschluss verwendet. In letzter Zeit wird auch das Klettband als Ersatz für Knöpfe eingesetzt. Einreihige Sakkos haben entweder ein kleines Revers oder

Farbig abgestimmte Socken – niemals Tennissocken! – ergänzen Ihre sportlich-gepflegte Erscheinung.

der Kragen ist wie ein Hemdkragen gearbeitet. Sie können dazu entweder eine Jeans oder aber eine Hose aus dem gleichen Material tragen. Diese sind schmal geschnitten, ohne Bundfalten und Aufschläge. Die Materialien bestehen oft aus Gabardine oder

*Silbergau und Anthrazit
sind hier Favoriten.*

Popeline und manchmal auch aus den neuesten Hightech-Fasern mit Stretch- oder Glanzeffekt. Am besten wirken dazu eng anliegende Shirts mit V-Ausschnitt oder Rundhals, im Winter Rollkragenpullis aus feinfädigem Strick. Materialien wie Mikrofaser oder Kunstfasermischungen unterstreichen den klaren Stil und sind nebenbei pflegeleicht bei gutem Tragekomfort. Die Grundfarben sollten nicht zu knallig sein, sondern im dunkleren Bereich. Besonders elegant wirkt das Outfit, wenn Jacke, Hose und Shirt in der gleichen Farbe getragen werden. Gürtel sind ganz schlicht ohne Verzierungen, ebenso die Schuhe, die klassische oder auch ausgefallenere Formen zeigen. Mit diesem etwas extravaganten, aber nicht zu extrovertierten Stil können Sie überall auftreten. Wenn Ihr Arbeitgeber Hemd und Krawatte zum Anzug erwartet, wählen Sie beides im gleichen oder einen Ton dunkler als das Sakko.

Tipps für den Einkauf

Kaufen Sie nun Ihre Garderobe oder Teile davon neu, sollten Sie immer die Farbstreifen Ihres Farbtyps oder gleich das ganze Buch in der Jackentasche haben, um sich die richtige Wahl zu erleichtern.

❖ Vergleichen Sie Kleidungsstücke am besten bei Tageslicht (also an einem Fenster oder vor dem Eingang des Geschäfts) mit den Farbstreifen für Ihren Typ.

❖ Lassen Sie sich dabei nicht davon irritieren, dass einige Stoffe, Leder oder Wolle nicht in genau den gleichen Farben wie auf Ihren Farbfeldern zu haben sind. Die Materialien reagieren jeweils unterschiedlich auf das

Egal, welcher Stil der richtige für Sie ist, Sie finden die passenden Einzelteile beim Herrenausstatter oder im Kaufhaus in allen Preislagen.

Einfärben, einige glänzen, während andere die Farben geradezu »schlucken«. Entscheidend ist, dass die Farbtöne mit unseren Beispielen harmonieren.

❖ Sind Sie beim Kauf unsicher, ob eine Farbe warm oder kalt ist, legen Sie andere Stücke mit ähnlicher

Farbe daneben. So lässt sich der Unterschied bezüglich einer gelb-, blau- oder rotstichigen Färbung leichter ausmachen.

❖ Haben Sie das Buch beim Einkauf dabei, vergleichen Sie die Kleidungsstücke mit den warmen und kalten Farbquadraten auf Seite 34 und 35: »Beißt« sich der Farbton mit einem der grünen Felder, dann können Sie sicher sein, dass er der entgegengesetzten Gruppe angehört.

Eine Basisgarderobe in den Nuancen Ihrer Lieblingsfarbe bietet den optimalen Ausgangspunkt für weitere Zukäufe.

❖ Lassen Sie sich, auch wenn es schwer fällt, nicht allzu sehr von aktuellen Modefarben blenden und schon gar nicht von einem Verkäufer oder einer Verkäuferin zu einer Farbe überreden, nur weil sie ihre modische Trendkollektion verkaufen wollen.

❖ Wagen Sie sich bei einem preisgünstigen Angebot, etwa für ein Hemd oder einen Pulli, auch einmal an eine ungewöhnlichere Typfarbe!

❖ Stellen Sie nach dem Einkauf fest, dass eine Farbe doch nicht richtig war, zögern Sie nicht, das Kleidungsstück umzutauschen!

❖ Mäntel sollten nicht zu groß gekauft werden, damit sie nicht »schlottern«, müssen aber Platz für ein Sakko oder einen dicken Pulli bieten. Leihen Sie sich für die Anprobe entsprechende Oberbekleidung im Geschäft aus.

❖ Ärgerlich ist es, wenn teure Schuhe zu knapp sind. Am besten passen Schuhe, die gegen Abend anprobiert wurden, weil die Füße dann ihre größte bzw. weiteste »Tagesform« erreicht haben. Denken Sie auch daran, die Strümpfe zum Anprobieren mitzunehmen, die Sie normalerweise zu diesen Schuhen tragen würden.

❖ Sind Sie Brillenträger, ist die Wahl der Farbe und des richtigen Materials ganz entscheidend, denn eine Brille als »Blickfang« beeinflusst den Gesamteindruck sehr. Ein warmer Goldton für die Fassung mag hübsch sein, würde aber einem Winter- oder Sommertyp nicht gut stehen.

❖ Das gilt auch für das Gehäuse von Uhren und die Metallfarbe von anderem Schmuck. Beachten Sie dazu auch unsere Tipps zu passenden Accessoires ab Seite 96.

Die drei Basisteile

Sind Sie dabei, sich eine neue Garderobe oder nur Teile davon anzuschaffen, sollten Sie die nächsten Seiten gut lesen. Auch Männern, und vor allem den modisch Interessierten, geht es oft so, dass sie vor dem Schrank stehen und feststellen, dass sie zwar viele Sachen zur Auswahl haben, dass aber bis auf wenige Ausnahmen die meisten nicht zueinander passen oder zumindest nicht so, wie sie sich das vorstellen. Dieses Dilemma entsteht durch Schnellkäufe, bei denen wir nicht genau prüfen, ob das Hemd oder T-Shirt nun wirklich zu dem Sakko und der Hose passt, für die wir noch eine Ergänzung suchen. Zu Hause stellt sich dann heraus, dass das Grün ein ganz anderer Farbton ist als das Karo des Sakkos, und aus Bequemlichkeit oder Zeitmangel wird das Teil nicht umgetauscht. Irgendwann wird es schon zu irgendetwas passen,

Bei den Elementen der Basisgarderobe sind drei Kriterien entscheidend: Farbharmonie, Tragbarkeit und die gewisse Eleganz, die kurzlebige Trends überdauern kann.

und zur Jeans kann man ja fast alles tragen. So geraten Sie über kurz oder lang an eine Sammlung von Oberteilen oder sogar Hosen, die im Schrank ein Aschenputtel-Dasein fristen. Nicht selten werden Sie bei Einkäufen auch von der aktuellen Mode überrumpelt, und wenn Ihnen auch das etwas extravagant gemusterte Hemd gefallen mag, es passt eben doch nicht zum klassischen Alltagsanzug.

Dabei ist es relativ einfach, eine Basisgarderobe zusammenzustellen, die sich an Ihrem Stil und Ihrem Farbtyp orientiert und die sich immer weiter ausbauen lässt. Das ersparte Geld können Sie optimal in Qualität investieren.

Das Sakko

Für das Sakko gibt es eine Vielzahl von Schnitten. Zur klassischen Version zählt der Einreiher mit zwei Knöpfen (die Sie im Stehen oder Gehen immer schließen!). Das Revers ist je nach Modetrend etwas schmäler oder breiter geschnitten, ebenso sind die Schultern einmal stärker oder schwächer ausgepolstert. Die Taschen können nur einen Eingriff haben;

Ein Sakko ist vielseitig einsetzbar in Beruf & Freizeit.

ist eine Taschenklappe eingearbeitet, achten Sie bei der Anprobe darauf, dass sich diese ohne Falten in den Taschenschlitz stecken lässt. Auf der linken Seite befindet sich etwa in Brusthöhe eine kleine Tasche für ein Einstecktuch. Die Ärmel haben immer einen Schlitz, der mit zwei bis vier Knöpfen geschlossen wird. Wichtig ist beim Anprobieren, dass sich keine unschönen Zugfalten am Rücken bilden, wenn Sie das Sakko schließen. Hat Ihr Sakko drei Knöpfe, ist es korrekt, wenn Sie im Stehen nur den mittleren Knopf schließen, bei mehr Knöpfen müssen Sie alle geschlossen halten.

Ein Doppelreiher ist immer eine Spur eleganter als ein Einreiher und oft auch bei Anzügen zu finden. Die Bezeichnung bedeutet, dass die Jacke mit zwei parallelen Knopfreihen geschlossen wird; und die Knöpfe bleiben auch zu, wenn Sie sitzen. Daher ist es ganz wichtig, dass die Größe wirklich stimmt. Bequemer wird ein Sakko, wenn im Rücken ein oder zwei Schlitze eingearbeitet sind; das ist vor allem beim Sitzen von Vorteil. Stimmen Sie Ihr Sakko vom Grundton her auf die Farbtöne Ihres Farbtyps ab. Meistens sind einzelne Jacken dezent kariert oder gestreift und lassen sich dadurch optimal mit Hosen in verschiedenen Farben kombinieren.

Die Hose

Das Merkmal einer klassischen Hose ist die Bügelfalte, darüber hinaus gibt es zahlreiche Variationen. Ob mit oder ohne Aufschlag, hängt vielfach von der gängigen Mode ab wie auch die Breite des Aufschlags. Die Weite der Hosenbeine variiert bei den Herren nicht so sehr wie bei den Damen. Mögen Sie es bequemer oder haben Sie eine fülligere Figur, ziehen Sie ver-

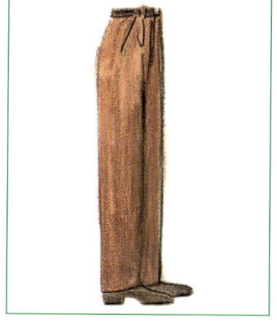

Hosen mit Bundfalten sitzen höher in der Taille.

mutlich Hosen mit Bundfalten vor, die Ihnen beim Sitzen eine größere Bewegungsfreiheit garantieren. Obwohl fast jede Hose eine Tasche am Gesäß hat, lassen Sie sich bitte nicht dazu verleiten, Ihren Geldbeutel hineinzustecken, denn das bedeutet in kurzer Zeit eine unschöne Beule. Auch die seitlichen Eingrifftaschen sollten sich nicht wie Hamsterbacken ausbeulen. Die Länge der Hosenbeine steckt Ihnen jeder gut geschulte Verkäufer richtig ab; grundsätzlich gilt: Der Hosensaum liegt beim Schuh genau auf der Höhe, wo der Absatz beginnt. Vorne steht er am Schuh mit einer Falte auf. Denken Sie beim Einkauf also immer daran, die passenden Schuhe zu tragen – keine Sportschuhe zur Smokinghose!

Der Anzug

Die klassische Zusammenstellung ist üblicherweise Hose, Sakko und Weste. Das Tragen einer Weste ist in den letzten Jahren gerade bei jüngeren Männern vernachlässigt worden, erlebt aber ebenso wie der gute alte Pullunder ein Comeback. Eine Weste ist taillenkurz und anliegend, der Rücken ist aus Seide oder

Satin gearbeitet. Die Vorderteile aus dem Stoff des Anzugs haben meistens einen tiefen V-Ausschnitt und laufen am Saum in kleinen Ecken aus, bei extravaganteren Anzügen sind sie auch hoch geschlossen. Für die Taschenuhr ist eine kleine Tasche unterhalb des Brustkorbes eingearbeitet. Im Rücken lässt sich die Weite mit

Edel ist ein Auftritt im Dreiteiler mit heller Weste.

zwei Bändern und einer Gürtelschnalle regulieren. Das Sakko ist bei einem Anzug ein- oder zweireihig geschnitten; klassisch ist der Zweiknopfverschluss, modisch up to date ist es mit drei bis fünf Knöpfen. Die Hose ist aus dem gleichen Material wie das Sakko und immer mit Bügelfalte, die übrigens genau in der Mitte des Beins verlaufen sollte.

Sinnvolle Ergänzungen

Legen Sie sich immer mehrere Hosen zu, die farblich zum Muster des Sakkos passen. Ist ein Sakko z. B.

in hellen Beige-Grau-Grüntönen kariert, dann passen eine graue, eine beige und eine grüne Hose dazu. Zwei Hosen sind ein absolutes Minimum, denn befindet sich eine in der Reinigung, brauchen Sie die zweite.

Spielen Sie mit unterschiedlichen Materialien, um Pep in Ihre Garderobe zu bringen: Warum nicht mal ein Anzug mit Stretch, aus Babycord oder eine Hose aus Nappaleder?

Lässt es Ihr Geldbeutel zu, ergänzen Sie Ihre Garderobe mit einem zweiten Sakko. Nun können Sie wählen, ob es farblich ebenfalls zu den schon vorhandenen Hosen passen soll oder ganz andere Farben Ihrer Skala aufweist. Im letzten Fall bedeutet das, dass Sie wiederum eine oder mehrere neue Hosen brauchen. Verfügen Sie bereits über neutrale Farben wie Beige und Grau, ist die Wahrscheinlichkeit hoch, dass Sie diese Hosen zu mehreren, selbst gestreiften oder karierten Blazern kombinieren können.

Gelegentlich passt auch eine Anzugjacke zu einer anderen Hose, aber achten Sie auch hier auf farbliche Harmonie. Die Brücke lässt sich in diesem Fall mit einem gemusterten Hemd schlagen, das sowohl die Jacken- als auch die Hosenfarbe aufgreift, oder mit einer entsprechenden Krawatte.

Hemden, Pullis & Co.

Anzug, Sakko und Hose allein genügen natürlich nicht, wichtig ist auch das »Darunter«. Da Hemden, Pullover und Shirts nicht so teuer wie die Grundgarderobe sind, können Sie sich mit der Zeit mehrere Versionen zulegen, die Sie aber immer in Abstimmung auf Ihre Basics wählen sollten. Denken Sie jetzt nicht, das wäre langweilig und Sie müssten immer in den gleichen Farbzusammenstellungen auftreten. Das ist überhaupt nicht der Fall, denn Sie können unter dem breiten Angebot Ihrer Farbskala, die in Wirklichkeit noch vielfältiger ist, wählen. Ein grauer Anzug wirkt im Frühling mit hellen und frischen Farben kombiniert ganz anders als im Herbst, wenn Sie gedecktere Farbtöne für Ihre Hemden bevorzugen. Sie werden den großen Vorteil erkennen, dass Sie nicht mehr unzählige Hosen, Sakkos und Anzüge brauchen, es genügt jeweils eine hellere Version für Frühling und Sommer und eine dunklere für Herbst und Winter. Natürlich haben Sie auch die Möglichkeit, einen dunklen Anzug im Sommer mit hellen Accessoires zu tragen. Mit der Zeit wird das Kombinieren Ihrer Garderobe ein Kinderspiel, und letztendlich sparen Sie eine Menge Geld und viel Zeit.

Hemdenvielfalt

Hemden sind das A und O der Herrengarderobe in der Berufswelt. Die Materialien variieren von reiner

Baumwolle über Mischgewebe mit Kunstfasern bis zu Leinen, für den Abendanzug auch Seide. Die Möglichkeiten sind schier endlos, und das Experimentieren mit neuen Mustern, Farben und Materialien macht Spaß. Oft weisen Hemden, um einen einfarbigen Anzug aufzupeppen, feine Streifen oder Karomuster auf, die von wei-

Klassisch ist ein Herrenhemd mit feinen Streifen.

tem gar nicht als solches zu
erkennen sind, sondern nur
als leichter Farbschimmer zu
ahnen.

Besonders beliebt sind auch
klassische Hemden in Pastell-
farben geworden. Männer, die
die Farbe Rosé tragen können,
sollten das ruhig einmal ausprobieren – der Frühlingstyp
mit einem warmen und der
Sommertyp mit einem blaustichigen Rosé. Keine Angst, das
wirkt überhaupt nicht feminin,
sondern unterstreicht Ihren Typ
optimal. Der Herbsttyp sollte in
diesem Fall eher zu einem warmen Gelbton greifen, der die
gleiche Wirkung zeigt.

Bei Freizeithemden sind gerade wieder auffallende große
Muster im Countrystil beliebt –

*Der weiße Kragen macht
aus einem Hemd zwei.*

*Beliebt sind flauschig-war-
me Freizeithemden.*

aber Vorsicht, sie passen nicht zu zarten Typen! Frühlings- und Sommertypen müssen nicht auf weiches Flanell und bequemen Cord verzichten, sollten aber nach Möglichkeit immer feinere Muster oder einfarbige Hemden bevorzugen.

Stilfragen rund ums Hemd

Gut sortierte Geschäfte führen Hemden mit extra langen Ärmeln – der Ärmel sollte etwa einen Zentimeter über dem Handgelenk enden. Bei den Hemdkragen unterscheidet man zwischen dem Kragen mit Steg für Krawatten, dem Button-down-Kragen, der an den Kragenecken am Hemd festgeknöpft wird, oft auch in der hinteren Kragenmitte, und schließlich dem Ausschlagkragen, der sich nicht so gut für Krawatten eignet. Häufig ist diese Version im Sommer bei kurzärmeligen Hemden zu finden. Kontrollieren Sie ab und zu Ihren Halsumfang, bevor Sie neue Hemden kaufen – der Hemdkragen sollte keinesfalls zu eng sein!

Hemden gibt es in unterschiedlichen Schnittmustern: tailliert, mit geradem Saum oder klassisch.

Die Manschetten werden heute in den meisten Fällen geknöpft. Manschettenknöpfe sind häufig bei Hemden für den Abendanzug zu finden, liegen aber auch beim klassischen Hemd wieder im Trend. Besonders elegant wirken Hemden für die Abendgarderobe durch eine verdeckte Knopfleiste Der Kragen wird dazu passend auch als so genannter Vatermörderkragen geschnitten, das heißt, er ist im Prinzip ein Stehkragen, um den eine Fliege gebunden wird, und nur vorne stehen kleine Ecken nach oben.

Beliebte Shirts

Gerade im Sommer sind T-Shirts, Poloshirts und ihre unzähligen Varianten der Renner im Freizeitbereich. Nur in wenigen Berufssparten dagegen ist das T-Shirt für Männer businessfähig geworden. Die Bezeichnung mit dem »T« entstand durch die ursprüngliche Form, die aus dem Mittelteil mit überschnittenen Schultern und gerade angesetzten Ärmeln bestand. Manch edlem Shirt sieht man auf den ersten Blick diese Herkunft nicht mehr an, denn die Designer kreieren unter dieser Bezeichnung mit großem

Ideenreichtum Hemden mit oder ohne Ärmel, mit Rundhals- oder V-Ausschnitt, Reißverschlüssen, Knöpfen und vielem mehr.

Die Verwendung der verschiedensten Materialien bietet ein breites Feld im Bereich der Schnitte, Farben und Muster. Das ursprüngliche und noch immer am meisten verwendete Material ist Baumwolle, die durch Kunstfaserbeimischungen etwas größeren Trage- und Pflegekomfort bekommt. Die jüngste Neuerung ist Mikrofaser, wohlig zu tragen.

Auch Sweatshirts gehören zu dieser Bestseller-Kategorie, obwohl sie überwiegend auf dem Freizeitsektor zu finden sind. Die Bezeichnung »Sweat« heißt Schweiß, ursprünglich waren diese Shirts die wärmere Variante der T-Shirts mit langen Ärmeln und innen angerauter Baumwolle.

Pullover

Gleich welche Jahreszeit wir haben, Pullover brauchen Sie immer. In unseren Breitengraden passiert es auch im Sommer, dass man am Abend einmal einen leichten Pullover überziehen muss.

Im Sommer reicht ein Pulli aus Baumwolle oder Seide, für die kühleren Jahreszeiten empfehlen sich Lambswool, Merinowolle oder das besonders weiche und flauschige Kaschmir. Kratzige Wolle ist out, angesagt sind entweder edle und feine Naturfasern oder ein Materialmix. Beimischungen von Kunstfasern sind heutzutage angenehm zu tragen und lassen sich überdies gut pflegen, meistens genügt eine Handwäsche.

Ein Pulli mit V-Ausschnitt ist besonders vielseitig.

Dünnere Pullis können Sie im Winter über das Hemd ziehen, ohne dass sie unansehnlich auftragen. Im Trend ist auch wieder der Rollkragenpulli, der unterm Hemd schön wärmt, aber auch solo zu einem Sakko eine gute Figur macht.

Jacquard- und Rhomben-Muster liegen im Trend.

Die Pflege Ihrer Garderobe

Damit Sie an Ihren sorgfältig ausgesuchten Kleidungsstücken lange Freude haben, listen wir nachfolgend die wichtigsten Pflegesymbole auf:

1 Chemisch reinigen: Trotzdem können Sie Pullover und Hemden mit diesem Zeichen vorsichtig mit der Hand waschen. Häufiges Reinigen belastet die Umwelt und kann zu Hautallergien führen.

2 Nur Handwäsche: Benutzen Sie viel handwarmes Wasser, wenig Waschmittel, und rubbeln Sie nicht. Auf gar keinen Fall sollten Sie Ihre Handwäsche in den Trockner geben, sondern jedes Einzelteil vorsichtig in Form gebracht auf einem Handtuch trocknen lassen.

3 Nicht chemisch reinigen.

4 Waschmaschinen- und schleuderfest, mit der Angabe der Wassertemperatur. Der Balken darunter bedeutet Schonwaschgang.

5 Nicht Bügeln.

O Schreck, ein Fleck!

Bei vielen Flecken helfen einfache Mittel und beherztes Handeln, damit sie gar nicht erst zur Katastrophe ausarten.

❖ Lauwarmes Wasser hilft gegen so gefürchtete Fleckenverursacher wie Klebstoff, Bier, Eis und Schokolade.

❖ Alkohol und die meisten Fettflecken auf dem Sakko oder Pulli können mit kohlensäurehaltigem Mineralwasser sofort bekämpft werden. Nur Rotwein sollte vorher mit reichlich Salz eingestäubt und später mit heißem Wasser ausgewaschen werden.

Flecken sollten Sie möglichst immer sofort beseitigen, noch bevor sie eingetrocknet sind.

❖ Frische Blutflecken sofort mit kaltem Wasser auswaschen.

❖ Hartnäckigen Fett-, Teer-, Öl- oder Farbflecken rücken Sie mit Terpentin oder Benzin zu Leibe.

Unverzichtbare Accessoires

Jedes Outfit wirkt erst perfekt gestylt durch die Accessoires. Sie sind Ihre Chance, modische Akzente zu setzen. Mit dem Einsatz von Krawatten, Gürteln, Schuhen, Sonnenbrille und Uhr bestimmen Sie, ob Sie sportlich oder elegant auftreten wollen. So bekommt Ihre Basisgarderobe Ihrem Farbtyp entsprechend den richtigen Pfiff. Das erfordert nicht mehr Mühe als sonst, wenn Sie einige Regeln beachten.

Krawatten & Schals

Mit der Krawatte setzen Sie zum einen farbliche Akzente, zum andern modische Blickpunkte. Hier können Sie zu kräftigeren Farben oder mutigen Farbkombinationen greifen, eine Krawatte peppt das Sakko in jedem Fall modisch auf. Ganz besonders wichtig sind bei der Wahl der Krawatte die Farben, denn sie liegt wie das Hemd dicht am Gesicht. Achten Sie also beim Einkauf auf Ihre Farbfelder, denn sonst wird aus dem Hingucker leicht ein Fremdkörper. Um einen schönen Knoten binden zu können, sind eine gute Verarbeitung und beste Qualität Voraussetzung. Für eine langlebige Krawatte aus schwerem Material wie Pongeé, Jacquard-, Rips- oder Satinseide lohnt sich die etwas höhere Ausgabe bestimmt.

Krawattenknoten

Sollten Sie zu den Männern gehören, die sich von Freunden, Angehörigen oder Ihrer Partnerin die Krawatten binden lassen und sie dann fertig gebunden in den Schrank hängen, weil Sie selbst immer Schwierigkeiten beim Binden haben, dann wird es höchste Zeit, sich eine eigene Technik anzueignen! Nachfolgend beschreiben wir in einem kleinen Schnellkurs den – korrekt bezeichnet – einfachen Krawattenknoten und den traditionellen Windsorknoten.

Es schont den Stoff der Krawatte, wenn Sie den Knoten nach jedem Tragen lösen und das gute Stück locker aufhängen.

Für ganz Eilige oder Anfänger ist der einfache Krawattenknoten ideal für den Alltag:

1 Legen Sie die Krawatte um den aufgestellten Kragen, das schmale Ende reicht bis in Brusthöhe, das breite legen Sie über das schmale nach links und ziehen es darunter nach rechts durch.

2 Das breite Ende erneut über das schmale nach links legen und unter der Halsschlinge durch nach oben ziehen.

3 Das breite Ende durch die entstandene Schlaufe stecken und nach unten ziehen.

4 Den Knoten zuziehen, in Form zupfen und bis unter den Hemdkragen nach oben schieben.

Ein ganz klassischer und besonders regelmäßiger Knoten ist der Windsorknoten (rechts):

1 Legen Sie wie zuvor die Krawatte um den aufgestellten Kragen, dabei wird das breite Ende nach links über das schmale gelegt und von unten durch die Halsschlinge nach oben gezogen.

2 Dann nach rechts unten hinter das schmale Ende führen, sodass von vorne die Krawattennaht zu sehen ist. Weiter nach links oben ziehen und dabei unter der linken Halsschlinge durchstecken.

3 Nun das breite Ende quer über den Knoten nach rechts legen und unter der rechten Halsschlinge durch nach oben ziehen.

4 Das breite Ende durch die entstandene Schlaufe über dem Knoten stecken und nach unten ziehen. Den Knoten zurechtzupfen und nach oben schieben.

Auch das Aussehen von Krawatten geht mit der Mode. Zeitweise gab es Krawatten in gleichmäßig durchgehender Breite, extrem schmale oder extrem breite, wie z.B. in den 70er Jahren. Dafür benötigen Sie aber auch einen Hemdkragen, der für einen besonders breiten Knoten geschnitten ist.

Fliegen und Schleifen

Wenn Sie bei bestimmten gesellschaftlichen Anlässen Frack oder Smoking tragen müssen, ist eine Fliege oder Schleife absolutes Muss.

Natürlich können Sie sich eine fertig gebundene mit Gummiband zum Einhängen kaufen, schöner ist in jedem Fall eine selbst gebundene Schleife.

Für die klassische Schleife benötigen Sie ein Band, das an den Enden in geschwungenen Formen ausläuft. Die Enden werden über Kreuz zu Schlaufen geformt, was mit einiger Übung ganz rasch geht. Mit der Bindeart, die wir Ihnen im Folgenden erklären, umgehen Sie jedoch die Gefahr, dass sich Ihre Schleife während einer schnelleren Walzerdrehung von selbst wieder öffnen könnte.

Das Band für diese Schleife mit dem besonderen Kniff ist durchgehend gleich breit.

1 Legen Sie das rechte Ende vor dem Hemdenknopf über das linke, und stecken Sie es durch die linke Halsschlinge nach oben durch.

2 Nun legen Sie dieses Ende nach links zu einer Schleife, die waagrecht vor dem Hals liegt, das Ende ziehen Sie zur linken Seite.

3 Das herabhängende Ende wird nach oben geführt und durch die Halsschlinge hindurch wieder nach unten gezogen.

4 Dieses Ende legen Sie zu einer kleinen Schlaufe und stecken diese von links nach rechts durch den Knoten. Zum Schluss die Fliege in Form zupfen.

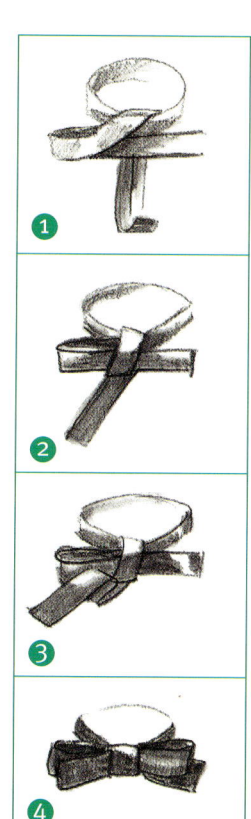

Schals

Manche Männer tragen mit Vorliebe Schals anstelle einer Krawatte im offenen Hemdkragen. Ein schicker Schal ist ein echtes Fashion-Statement und obendrein bequem, wenn Sie auf beengende Kragen verzichten wollen.

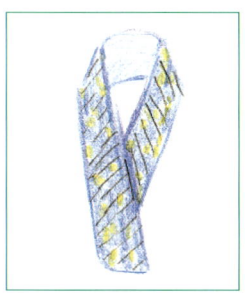

Legen Sie den Schal von hinten nach vorne um den Hals, binden Sie einen einfachen Knoten, und ziehen Sie das oben liegende Tuchende am Hals breit auseinander. Es gibt auch Schals, die an einem Ende mit einer Schlinge versehen sind. Legen Sie den Schal um den Hals, und stecken Sie das Ende durch die Schlinge vor der Halsgrube. Nun ziehen Sie das Tuchende zwischen Schlinge und Halsgrube von unten nach oben durch und legen es über die Schlinge.

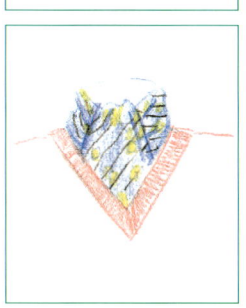

Ein gutes Paar sind Schal und Pulli mit V-Ausschnitt.

Gürtel & Taschen

Tragen Sie grundsätzlich niemals eine Hose ohne Gürtel! Hosenträger sind zwar geduldeter Ersatz, aber in keinem Fall gleichwertig. Die Wahl des Gürtels hängt von der Farbe der Hose und natürlich von Ihrer Farbskala ab. Ein Gürtel zum Anzug sollte immer eine Schattierung dunkler sein, um Ihre Körpermitte nicht zu sehr zu betonen. Perfekt ist Ihr Styling, wenn die Farben von Schuhen und Taschen zum Gürtel passen und wenn das Metall der Gürtelschnalle mit den Accessoires, also Ihrer Uhr und eventuell Manschettenknöpfen und Krawattennadeln harmoniert.

Selbstverständlich wählen Sie den Gürtel passend zum Stil von Hose bzw. Anzug, tragen also keinen Westerngürtel mit Nieten zum Doppelreiher.

Aktentaschen und -koffer

Heutzutage schleppen immer mehr Männer ständig Taschen mit sich herum, und zwar nicht nur für Akten oder die berühmte Thermoskanne, sondern für

Kameras, Laptops und Zubehör. Die neuen Materialien rangieren vom herrlich weichen und anschmiegsamen Leder bis zum pflegeleichten Nylon und können in Größe, Farbe und Qualität ganz nach Ihren Bedürfnissen ausgerichtet werden, ob mit oder ohne Umhängegurt und Tragegriffen. Entscheidend ist auch bei Koffern und Taschen das gepflegte Aussehen. Das bedeutet, die Ecken sind nicht durchgescheuert, das Leder zeigt noch Farbe, und alle Verschlüsse sind in einwandfreiem Zustand. Ledertaschen können Sie mit Lederpflege zweimal pro Jahr einreiben, Taschen aus Nylon freuen sich über eine gelegentliche Abreibung mit einem feuchten Lappen.

Kleine Handtäschchen sind übrigens out, tragen Sie Papiere lieber in einer größeren Aktenmappe.

Schuhe & Strümpfe

Von den Schuhen schließen viele Menschen auf den Charakter der Persönlichkeit, und diese Folgerung hat einigen Wahrheitsgehalt. Die Wahl der Schuhe und die anschließende Pflege ist aber nicht nur für Ihr Image, sondern auch für Ihr Wohlgefühl entscheidend. Schließlich tragen Sie Ihre Schuhe mindestens acht Stunden täglich, meistens aber viel länger, und schmerzende Füße sind einfach unerträglich. Gehen Sie in diesem Punkt keine Kompromisse ein!

Gut zu Fuß

Auch bei Herrenschuhen gibt es inzwischen die Qual der Wahl, denn Sie können nicht nur unter den klassischen Herstellern wählen, die die Schuhe noch von Hand genäht anbieten, sondern auch schicke und qualitativ hochwertige Modelle in allen Preislagen finden. Probieren Sie aus, was Ihnen gefällt; beachten Sie aber immer, für welche Gelegenheit Sie die Schuhe brauchen.

Der modebewusste Mann muss nicht frieren: knöchelhohe Schnürschuhe sind die Alternative zu klobigen Boots.

Zum Anzug oder einer Kombination gehören elegante Slipper, Schnürschuhe oder Stiefeletten, auf keinen Fall Trainingsschuhe, Mokassins oder Sandalen. Wenn Sie öfter einen Smoking tragen, sind ein Paar schwarze Lackschuhe ein Muss. Ansonsten können Sie mit der Mode gehen und brauchen, wenn es zu Ihrem Stil passt, auf Kroko-Optik, Fellbesatz oder poppige Farben nicht zu verzichten. Das wichtigste Kriterium bleibt jedoch, dass die Schuhe gut sitzen. Gleich nach der Passform kommt die Pflege, denn ungepflegte Schuhe sind ein Graus und eine schlechte Visitenkarte. Denken Sie beim Kauf daran, das passende Pflegemittel und Schuhspanner mitzunehmen, und bringen Sie abgelaufene Absätze oder Sohlen sofort zum Schuster.

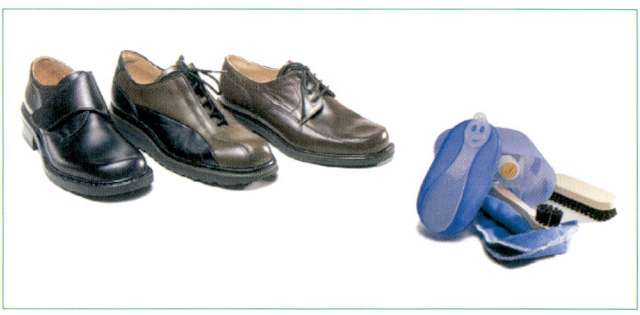

Eine sportliche zweifarbige Variante ergänzt hier die unverzichtbaren schwarzen und braunen Schuhpaare.

Socken

Mittlerweile hat es sich herumgesprochen, dass weiße Tennissocken zum Anzug oder einer Kombination der absolute Fehlgriff sind. Aber auch grelle Farben, die zwischen Hosensaum und Schuh herausblitzen, werden nicht gern gesehen. Wenn Sie trotzdem eine gewisse Individualität wahren wollen, so wählen Sie doch graue, blaue oder braune Socken, die ein kleines Muster haben. Das springt nicht unangenehm ins Auge, setzt aber farbliche Akzente.

Schluss mit der lästigen Suche nach dem zweiten Socken macht eine neue Klammer, die Strumpfpaare in der Waschmaschine zusammenhält.

Achten Sie in jedem Fall darauf, dass die Socken so lang sind, dass beim Sitzen keine nackte Haut zu sehen ist. Sind Sie sehr groß, dann könnte es empfehlenswert sein, wenn Sie statt Socken Kniesocken kaufen.

Und noch ein Wort zu Tennissocken: Jederzeit tragbar sind diese in Weiß, Schwarz oder Blau im Freizeitbereich und zu Ihrer geliebten Jeans in Kombination mit Trainingsschuhen.

Blickfang Brille

Eine Brille prägt ganz entscheidend Ihr Erscheinungsbild, da sie mitten im Gesicht sitzt. Die richtige Form und Farbe ist genauso wichtig wie Ihre Haarfarbe, Sie können damit Ihrem Typ das richtige Finish geben und Ihre natürliche Farbgebung unterstützen. Denn eine Brille sollte zu Ihnen passen, als wäre sie ein Teil von Ihnen selbst. Zum Glück gibt es gut geschulte Optiker, die Ihnen beratend und mit viel Geduld bei der Auswahl eines Brillengestells zur Seite stehen. Die Form des Gestells stimmen Sie auf Ihre Gesichtsform ab; vermeiden Sie aber, die Form zu wiederholen: Nehmen Sie also keine runde Brille zu einem runden Gesicht, sondern wählen Sie hier lieber ein eckigeres Modell.

Ein farbiges Brillengestell sollte Ihren Typ exakt ergänzen.

Ob Metall oder Kunststoff, das hängt von Ihrem persönlichen Geschmack ab, achten Sie dabei darauf, dass Frühlings- und Herbsttypen warme Metalle und Farben brauchen, die Sommer- und Wintertypen hingegen Fassungen mit kühlen Farben und aus silbrigen Metallen bevorzugen sollten. Chromfarbene und schwarze Gestelle stehen nur Schwarz- oder Grauhaarigen.

Schmuck & Uhren

Vorbei sind die Zeiten, da Schmuck ausschließlich den Frauen vorbehalten war, außer vielleicht dem über viele Generationen hinweg vererbten Siegelring. Wenn Sie gerne Schmuck tragen, dann trauen Sie sich, denn er hat, natürlich in einem gewissen Rahmen, Einzug in die Geschäftswelt gehalten. Krawattennadeln und -klammern, aber auch Manschettenknöpfe, die wieder verstärkt in Mode kommen, gibt es in vielen originellen und tragbaren Varianten. Ein dezenter Ohrstecker mit oder ohne Brillant

Edle und mit einem gewissen Understatement gestaltete Gold-Stücke bekannter Designer oder Marken ziehen die Blicke auf sich.

Modischer Herren-schmuck muss gar nicht teuer sein.

ist genauso erlaubt wie ein Herrenring mit oder ohne Stein. Ob farbige Steine oder Diamanten, Silber oder Gold besser zu Ihnen passen, hängt davon ab, welchem Jahreszeitentyp Sie angehören. Für Frühlingstypen kommt bei Schmuckstücken und Uhren aus Metall alles aus warmem Gelb- und Rotgold in Frage. Uhren mit goldfarbenem Gehäuse und Lederbändern in warmen Brauntönen harmonieren dagegen am besten mit Haut und Haaren der Herbsttypen.

Silber ist das Edelmetall für den Sommertyp, vor allem, wenn es schon etwas angelaufen ist. Aber auch Weißgold und das edle Platin unterstreichen diesen Typ. Interessant wirken außerdem Edelstahl und Titan. Je extravaganter und auffälliger, umso besser, ist die Devise beim Wintertyp. Funkelnde Diamanten und glänzende schwarze Steine verstärken wirkungsvoll seinen Auftritt.

Die Uhr – Ihr wichtigstes Accessoire

Welcher Mann träumt nicht von einem exklusiven Fliegerchronografen aus der Glashütte, einer goldenen Rolex oder einer klassischen Longines? Geschmack und Stil können sich im Bereich der Uhren aber auch auf weit niedrigerem Preisniveau treffen. Ob Stahlgehäuse mit Edelstahlarmband oder Rotgoldgehäuse mit Armband aus feinstem Kalbsleder, ob Gliederarmband, schwarzes, braunes oder buntes Leder, ob eckig, rund, oval, klassisch, superschlicht, verspielt oder extravagant, hier ist für jeden etwas dabei.

Schöpfen Sie im Alltag aus einem Sortiment von Uhren.

Eine Grundregel sollten Sie jedoch beachten: Wählen Sie zum eleganten Anzug immer eine möglichst flache und klassische Uhr. Die auffallenden und breiten Sportmodelle sind eher für Freizeit, Spaß und Spiel gedacht – hier schmücken sie auch durchaus Nicht-Taucher und -Piloten.

Werden Sie ein Mann mit Stil!

Zu einem guten Aussehen gehört nicht nur die Frage, welche Farbe und welchen Schnitt ein Sakko für den jeweiligen Typ haben sollte. Zum stilvollen Auftritt gehört auch zu wissen, zu welchem Anlass welches Outfit passt (→ ab Seite 129). Am wichtigsten ist jedoch, dass Sie sich rundum wohl in Ihrer Haut fühlen und dieses Bewusstsein auch ausstrahlen. Dafür kann man(n) einiges tun.

Packen Sie Veränderungen an!

Wenn Sie sich zu einer Veränderung entschließen, sei es, weil Sie den Schritt ins Berufsleben machen oder in einer neuen Firma starten oder weil Sie einfach besser aussehen wollen, dann ist es leichter, diese Änderungen Schritt für Schritt umzusetzen. So können Sie sich langsam an Ihr neues Ich gewöhnen.

Ein paar Pfunde zu viel?

Sind Sie sich von Anfang an im Klaren, dass Sie unbedingt abnehmen müssen und auch wollen, dann sprechen Sie mit Ihrer Partnerin darüber, damit Sie gemeinsam den Speiseplan umstellen. Leben Sie allein, ist der Besuch eines Kochkurses an der Volkshochschule für kalorienreduziertes Kochen und Essen empfehlenswert. Besonders gut geeignet für Leute, die öfter geschäftlich oder auch privat essen gehen, ist die Trennkostdiät. Darüber gibt es Bücher, und wenn Sie sich mit der sehr einfa-

Für gutes und gepflegtes Aussehen sind auch Ihre Ernährung und Kondition entscheidend.

chen Theorie vertraut gemacht haben, können Sie diese ohne Probleme in jedem Restaurant anwenden. Sie müssen dazu nicht unbedingt neue Kochrezepte einüben. Das Prinzip dieser Diät besteht darin, dass Sie nicht weniger, sondern nur eine bestimmte Zusammenstellung der Speisen essen.

Besonders unterstützt wird jede Diät durch Sport, dann purzeln die Pfunde umso schneller, und Sie fühlen sich um Jahre jünger.

Gesundheit und Gesunderhaltung

Das Körper- und Gesundheitsbewusstsein hat in den letzten Jahren massiv auf die Männerwelt übergegriffen. Vielleicht liegt es daran, dass es immer mehr Single-Haushalte und allein erziehende Männer gibt.

Gerade wenn Ihr Beruf sehr stressig ist, sollten Sie zum Ausgleich zweimal die Woche Sport treiben.

Ein anderer Grund könnte sein, dass Frauen, die berufstätig sind, von Ihren Partnern gleiche Leistung und Aufgabenverteilung erwarten, und das nicht nur im Beruf, auch beim Aussehen und im Haushalt. Väter, die einkaufen und kochen, wissen auch Bescheid, was für sie und die Familie gesund und bekömmlich ist. Um den Body fit zu halten, gehen viele Männer ins Fitnessstudio, und das hat nicht nur mit Krafttraining und Muskelaufbau zu tun, sondern auch sehr viel mit Wohlfühlen und mentaler Ausgeglichenheit.

Körperpflege

Grundlagen wie tägliches Duschen, Haar- und Bartpflege bzw. Rasieren sind Selbstverständlichkeiten.

Aber auch Männerhaut braucht konsequente Reinigung mit milder Seife und, besonders im Winter, eine Feuchtigkeitspflege. Ein Herrenduft oder After Shave betonen Ihren Typ (→ Seite 125). Ausreichender Sonnenschutz ist beim Sport, beim Baden im Sommer und beim Skilaufen unerlässlich.

Wenn Sie mit Akne, Narben oder sonstigen Hautproblemen zu kämpfen haben, überwinden Sie Ihre Schwellenangst, und gehen Sie in ein Kosmetikstudio. Dort kann man Sie kompetent beraten und mit einer Gesichtsbehandlung verwöhnen.

Das steigende Körper- und Gesundheitsbewusstsein macht auch vor Männern nicht halt – und man kann damit nie früh genug beginnen ...

Machen Sie mehr aus Ihrem Typ!

Pflege, Sport und Diät verschaffen Ihnen mit Sicherheit Pluspunkte. Zum umfassenden Stilcheck gehört aber auch eine kritische Bestandsaufnahme Ihrer Gesamterscheinung. Was sind Ihre Stärken und Schwächen, wie kann man sie ins rechte Licht rücken bzw. den Blick von ihnen ablenken?

Stiernacken oder Schwanenhals?

Haben Sie eine sehr kräftige Hals- und Nackenpartie, die dadurch kürzer und gedrungener wirken, als sie

Kleine Mängel lassen sich durch entsprechende Kleidung wirkungsvoll kaschieren.

eigentlich sind, dann sollten Sie in jedem Fall Rollkragenpullover und T-Shirts mit Rundhalsausschnitt vermeiden. Außerdem alles, was um den Hals extrem aufträgt: Dazu gehören große Hemdkragen, die immer wieder einmal modisch up to date sind, und breite oder sehr dicke Krawatten wie z. B. solche aus Strick. Die Kragenweite Ihrer Hemden sollte keinesfalls zu klein sein, wählen Sie lieber eine Nummer größer. Sind Sie der Meinung, dass Ihr Hals zu dünn und lang ist, dann sind T-Shirts unvorteilhaft. Besser sind Polohemden mit Kragen und im Winter Rollkragenpullis. Die Hemdenkragen dürfen bei Ihnen ausladender und Krawatten voluminöser sein.

Hemdkragen dürfen auf keinen Fall zu eng sein, das wirkt, als würden Sie sich die Luft abschnüren.

Auch Schals im Kragen verkürzen optisch den Hals.

Bei sehr kräftigen und breiten Schultern achten Sie beim Kauf von Anzügen und Sakkos darauf, dass die Schulterpartie nur ganz schwach gepolstert ist. Sind Ihre Schultern eher schmal, dann dürfen Sie zu größeren Polstern greifen; aber achten Sie darauf, dass ein harmonischer Gesamteindruck entsteht, denn wenn auch Ihr Kopf eher schmal ist, passen künstlich verbreiterte Schultern nicht dazu.

Bauchansatz

Sie können sich zu den Glücklichen zählen, wenn Sie einen Waschbrettbauch haben, aber meistens schleicht sich mit den Jahren doch ein kleiner Bauchansatz ein. Wenn es Ihnen wichtig ist, dann achten Sie darauf, dass es beim Ansatz bleibt, der sich noch gut überspielen lässt. Tragen Sie untaillierte Hemden, die locker in der Hose stecken. Bevorzugen Sie Bundfaltenhosen, die über dem Bauchnabel, nicht darunter sitzen. Mit einer eleganten oder etwas auffälligeren Krawatte ziehen Sie die Blicke weg von der Taille. Shirts und Pullover sollten locker den Bauch umspielen; der Bund eines Pullis oder Blousons darf keinesfalls so eng sein, dass sich der Stoff über dem Bauch aufplustert, dann hätten Sie genau das Gegenteil erreicht. Sakkos sollten gerade geschnitten sein, für groß gewachsene Männer sind auch Doppelreiher günstig. Sind Sie eher klein, dann achten Sie darauf, dass die Sakkos nicht zu lang sind.

Kleine Körpergröße

Wichtig für kleinere Männer ist, dass sie ihren Körper nicht optisch unterteilen. Das bedeutet für ihre Bekleidung, dass sie starke Hell-Dunkel-Kontraste bzw. kräftige Farbkontraste vermeiden. Das Sakko darf zwar in einer anderen Farbe als die Hose und auch gemustert sein, ungünstig wirkt es sich aus, wenn Sie eine helle Hose und ein dunkles Oberteil tragen, also eine hellbeige Hose zum dunkelgrün karierten Sakko. Besser wäre zur beigen Hose ein beige-hellgrün kariertes Sakko oder zum dunkel- grün karierten Sakko eine dun- kelgrüne Hose. Greifen Sie auch nicht zu großen Karos oder Block- streifen, und achten Sie darauf,

Tragen Sie nicht zu dicke Sohlen, um einen oder zwei Zen- timeter zu ge- winnen, das sieht nur plump aus.

dass die Sakkos nicht zu lang sind. Blousons sind ungünstig, da sie durch den Bund den Körper unter- teilen; besser sind gerade geschnittene Jacken.

Sehr große Körpergröße

Man sollte meinen, wenn jemand sehr groß ist, sei Kleidung kein Problem. Aber leider stimmt das nicht, denn Sie wollen ja keinesfalls aussehen, als wären Sie aus Sakko oder Hemd rausgewachsen. In Fach- geschäften erhalten Sie Hemden mit extra langen Ärmeln, ebenso Sakkos, deren Saumkante auch län- ger geschnitten ist. Hosen kaufen Sie in L-Größen;

sind sie immer noch zu kurz, dann ist es jederzeit möglich, den Saum vom Schneider verlängern zu lassen. Für Sie gilt im Gegensatz zu den kleineren Männern, dass Sie auch starke Hell-Dunkel-Kontraste tragen können, die den Körper optisch unterteilen. Auch sind bei Sakkos größere Karos erlaubt. Doppelreihige Sakkos proportionieren Ihren Körper optimal.

Haare & Bart

Wie oft sieht man Männer, die verzweifelt versuchen, den zurückweichenden Haaransatz durch komplizierte Langhaarfrisuren zu überspielen, oder die einen langen Pferdeschwanz zur Stirnglatze tragen. Solche Maßnahmen wirken nur lächerlich. Schön, wenn Sie Ihre prächtige Lockenmähne auch im beruflichen Alltag lang präsentieren können. Bei den meisten Männern über 20 sieht allerdings ein guter Kurzhaarschnitt wesentlich vorteilhafter aus.

Ein langes Gesicht verträgt etwas mehr Fülle im Haar, zu Mondgesichtern passen am besten Meckifrisuren.

Wem die tägliche Rasur zu lästig ist, dem bleibt immer noch die »Dreitagebart-Lösung« für zwischendurch.

Haben Sie das Gefühl, dass Sie mit einem neuen Haarschnitt Ihren Typ besser betonen könnten, dann lassen Sie sich von einem guten Frisör beraten. Der zeichnet sich dadurch aus, dass er Sie dahingehend berät, was Ihnen am besten steht und wie Sie gleichzeitig den beabsichtigten modischen Touch erreichen. Er wird Ihnen vielleicht auch zu Strähnen im Deckhaar raten, um Ihre Haarfarbe zu beleben. Keine Angst vor solchen Maßnahmen! Klären Sie zu Beginn Ihres Besuchs mit dem Frisör, wie oft die Strähnen oder der Schnitt erneuert werden müssen, denn besonders sehr kurz geschnittene Haare brauchen

Bei Haarproblemen benutzen Sie am besten immer ein mildes Shampoo und danach z. B. ein pflegendes Haaröl gegen Schuppen.

alle drei bis vier Wochen einen Nachschnitt, damit Sie immer gepflegt aussehen. Der Frisör zupft Ihnen auch die Augenbrauen, wenn sie sich über der Nasenwurzel zu nah kommen, denn das verleiht Ihnen unnötig ein griesgrämiges und düsteres Aussehen.

Rasur

Auch in puncto Bart ist der Frisör als Ratgeber die beste Adresse. Er kann Ihnen die richtigen Geräte für einen Dreitage-, Kinn- oder Schnauzbart empfehlen, natürlich auch für einen Vollbart. Außerdem erhalten Sie bei ihm Tipps zur richtigen Pflege von Haar und Haut. Wenn Sie sich allerdings nur einen Bart wachsen lassen wollen, um sich die Arbeit der Rasur zu ersparen, dann täuschen Sie sich, denn ein Teil- oder Vollbart muss genauso gepflegt und geschnitten werden wie ein glatt rasiertes Gesicht. Beim Thema Nass- oder Trockenrasur scheiden sich die Geister, denn hier hat jeder seine persönlichen Vorlieben.

Einen »ständigen« Dreitagebart können Sie allerdings nur mit dem elektrischen Rasierer schneiden,
dessen Scherlänge unterschiedlich lang eingestellt
werden kann. Benützen Sie nach dem Rasieren
immer ein After Shave; das beruhigt und pflegt die
Haut. Empfindliche Haut sollte nicht mit alkoholhal-
tigen Rasierwassern traktiert werden. Benutzen Sie
milde After-Shave-Lotions oder -Balms. Auch bei
der Nassrasur sollten Sie einen pflegenden Rasier-
schaum vorziehen, der Aloe Vera oder andere Pflege-
stoffe enthält.

Die richtige Haarfarbe für jeden Typ

Männer lassen sich vergleichsweise selten die Haare
färben, zum einen erscheint solche Eitelkeit noch
ungewohnt, zum anderen muss die Prozedur bei kur-
zen Haaren sehr oft wiederholt werden. Die Lösung
sind in vielen Fällen Strähnchen. Die einzelnen Lichtreflexe wirken viel natürlicher und beleben, wenn sie
den richtigen Farbton haben, Ihren Teint. Außerdem
können Sie mit Strähnchen die ersten grauen Haare
ganz einfach verschwinden lassen.

Welche Farbe passt zu welchem Typ? Der Naturton der meisten Frühlingstypen ist hell- bis dunkelblond mit einem leicht rötlichen Stich oder auch richtig rothaarig. Ihr neuer Farbton sollte immer warm und golden sein, also kupferrot, goldblond, honigblond oder dunkelblond.

Die Haarfarbe vieler Sommertypen wirkt durch den aschblonden bis -braunen Grundton leicht etwas langweilig. Lassen Sie sich zum Aufpeppen ein paar silberblonde Strähnen ins Deckhaar einfärben, auch platinblond macht sich gut!

Es gibt ausgezeichnete Haarfärbeprodukte für zu Hause, aber Strähnchen sollte nur der Fachmann machen.

Selten brauchen die Haare der Herbsttypen eine Belebung. Möchten Sie die Farbe intensivieren, so sind alle warmen Braun- und Kupfertöne bis hin zu Palisander für Sie geeignet. Wollen Sie mit Strähnchen Lichtreflexe setzen, dann wählen Sie ein warmes Goldbeige oder Goldblond.

Die Wintertypen sollten ihre Haarfarbe so belassen, wie sie ist, denn der natürliche Kontrast von Haarfarbe zur Haut passt einfach am besten, und das auch im ergrauten Zustand. Jeder warme Farbton verunstaltet das Gesamtbild, selbst wenn Sie zu den wenigen Blonden dieser Gruppe gehören. Müssen Sie trotzdem experimentieren, dann nehmen Sie silbrig helle Töne bzw. Blauschwarz, Mahagoni und Aubergine oder ganz extrem auch Violett.

Strähnchen, die etwas heller oder kräftiger als die eigene Haarfarbe sind, frischen auf.

Dezenter Begleiter: der Herrenduft

In den Regalen der Drogerien und Parfümerien ist das Sortiment der Herrendüfte fast schon genauso groß wie das der Damenparfüms, und jährlich werden es mehr. Die Männerwelt ist hier ganz kräftig am Aufholen. Wie bei den Damen gilt ein Parfüm als i-Tüpfelchen einer gepflegten Erscheinung und unterstreicht Ihren Typ, und zwar in zweifacher Richtung. Nach außen hin bildet Parfüm eine Bekräftigung der modischen Erscheinung, die von anderen wahrgenommen wird. Gleichzeitig wirkt es aber auch auf unser Innerstes, denn es verschmilzt sozusagen mit der Haut. Es nimmt dadurch Einfluss auf unsere Stimmung und die Selbstsicherheit unseres Auftretens.

Die Wirkung von Parfüm

Da wir das Parfüm nach Gefühl aussuchen, ist es ähnlich einer geheimen Botschaft, an uns selbst und an andere. Düfte kann man nicht erklären, sie lösen lediglich Gefühle aus, und es wirken nicht die einzelnen Bestandteile eines Parfüms, sondern das Ganze. Dieser Wirkung sind wir im schlimmsten Fall hilflos ausgeliefert: Denn bei einem schlecht gekleideten Menschen kann man geflissentlich über den Mangel hinwegsehen, aber da wir atmen müssen, sind wir zum Riechen gezwungen. Wer kennt nicht die Situation, einer zu stark parfümierten Frau im Bus, Restaurant oder im Lift zu begegnen. Deshalb ist Zurückhaltung in der Verwendung ein ganz entscheidender Punkt. Können Sie Ihr Parfüm nach einiger

Beachten Sie bei der Verwendung von Parfüm auch das Zusammenspiel der Düfte mit After Shave und parfümierten Duschgels.

Zeit selbst nicht mehr riechen, dann fragen Sie eine vertraute Person, ob Sie zu viel oder zu wenig davon tragen. Die richtige Dosierung unterstreicht Ihre Erscheinung und setzt damit ein Highlight, denn ein Duft sollte keinesfalls als Wolke wahrgenommen werden, der sich niemand entziehen kann.

Verschiedene Duftnoten

Viele klassische Duftwässer für Herren sind von Damenparfüms abgewandelt, manche Düfte sind auch als unisex kreiert. Generell gibt es bei Herrendüften wenige Vertreter der blumigen Richtung bzw. diese treten bei der Gesamtnote nicht so stark in Erscheinung. Auch sind Herrenparfüms meist einfacher in der Zusammensetzung, und es gibt weniger Unterschiede in der zeitlichen Wirkung nach dem Auftragen. Die verschiedenartigen Düfte lassen sich grob in vier Gruppen einteilen, und natürlich gibt es innerhalb jeder Gruppe unzählige Varianten.

Eine Gruppe ist die der kühlen und frischen Düfte, die zweite ist eher dynamisch und sportlich. Die sinnlicheren und ausdrucksvollen Parfüms sind auch in der Männerwelt vertreten, sie sind schwerer als die vierte Gruppe der leicht blumigen Herrenparfüms.

Das richtige Parfüm finden

Ein und dasselbe Parfüm riecht bei jedem Tester anders, denn jede Haut hat einen eigenen, unverwechselbaren Eigengeruch, und das Parfüm geht mit diesem eine Art chemische Reaktion ein. Deshalb sollten Sie folgende Tipps beim Kauf beachten:

❖ Probieren Sie niemals mehr als vier Düfte hintereinander aus.

Ihre endgültige Duftnote zeigen Herrendüfte nicht sofort, sondern nach etwa drei bis fünf Minuten.

❖ Lassen Sie sich am besten Proben mitgeben oder die Düfte direkt auf die Haut aufsprühen, und erschnuppern Sie sie zu Hause in neutraler Umgebung.

❖ Tragen Sie Parfüm nicht an einer Stelle auf, die vorher mit einer Creme oder Seife in Berührung kam, denn das würde den Eindruck verfälschen.

❖ Achten Sie bei der Probe darauf, ob es sich um ein Parfüm, Eau de Parfum oder Eau de Toilette handelt, denn manchmal bestehen auch Duftunterschiede in den verschiedenen Konzentrationen.

❖ Gibt es Duschgel, Rasierwasser und After Shave passend zum Parfüm, so ergänzen sie sich. Damit es andernfalls nicht zum »Krieg der Düfte« kommt, sollten Sie zu Ihrem Lieblingsparfüm nur neutral riechendes Duschgel, Deo und After Shave benutzen.

Dresscodes für Einladungen

Bisher haben Sie viel über die richtigen Farben und die Zusammenstellung Ihres Kleidungsstils mit den passenden Accessoires erfahren, aber nun stellt sich die Frage: Was ist das richtige Outfit für bestimmte Gelegenheiten? Nichts ist peinlicher, als im Smoking inmitten von anderen Gästen zu stehen, die sich im Tweedsakko wohl zu fühlen scheinen. Overdressed ist wirklich schlimmer als underdressed, da man Letzteres mit Schrulligkeit entschuldigen kann! Wenn Sie die Möglichkeit haben, vor einer Einladung von den Gastgebern den Stil der Bekleidung zu erfahren, dann informieren Sie sich. Sind Sie Neuling in diesem

Bei Grillpartys und Festen im Freien ist – wenn es nicht anders gewünscht ist – lockere Freizeitbekleidung angesagt.

Kreis, ist das überdies eine gute Gelegenheit, sich vorher schon einmal bekannt zu machen. Haben Sie eine schriftliche Einladung mit so genanntem Dresscode erhalten, dann richten Sie sich auch danach! Was verbirgt sich nun im Einzelnen hinter den Kürzeln dieser Dresscodes?

»Casual«

Direkt übersetzt, heißt der Begriff leger oder lässig und bedeutet, dass Sie sich nicht fein machen müssen. Das bedeutet aber auch nicht, dass der Jogginganzug angesagt ist. Vollkommen okay sind dagegen Jeans. T-Shirt, Hemd und Pulli genügen; wenn Sie möchten, können Sie je nach Wetterlage noch einen Blazer oder eine schicke Lederjacke dazu tragen.

»Sportlich elegant«

Auch bei einer Einladung mit diesem Dresscode sind Jeans erlaubt, aber unbedingt in Kombination mit einem Sakko. Im Sommer kommt vielleicht ein modisches T-Shirt mit V-Ausschnitt dazu, im Winter ein etwas feinerer Rollkragenpulli oder zu jeder Jahreszeit ein Hemd. Auch eine Kombination von Hose und Sakko mit Pullover oder Shirt ist angebracht, sie sollte sich aber von Ihrem normalen Businessoutfit unterscheiden. Was auf keinen Fall dazu passt, sind Turnschuhe, auch wenn diese sportlich wirken. Zur Jeans können Sie Mokassins oder Slipper tragen, und nie verkehrt sind Schnürschuhe oder Stiefeletten, die Ihr Outfit perfekt ergänzen können.

Turnschuhe gehören in die Sporthalle oder auf den Sportplatz, bei Einladungen sind sie absolut tabu.

»Dunkler Anzug«

Hier wird erwartet, dass sich die Gäste eleganter

Die Bezeichnung »dunkel« meint nicht automatisch Schwarz; Sie sollten eine dunkle Farbe aus Ihrer Farbtyptabelle wählen.

kleiden. Denken Sie daran, Anzug heißt Anzug, nicht Sakko und Hose! Wählen Sie einen Doppel- oder Einreiher aus feinem Wollstoff, und tragen Sie dazu ein weißes, vielleicht in sich gemustertes Hemd mit Manschetten-

knöpfen und eine Krawatte. Die ebenfalls dunklen Schuhe sollten dem Stil des Anzugs entsprechen.

»Smoking«

Erhalten Sie eine Einladung mit diesem Hinweis, deutet das auf ein größeres Fest hin, und Sie müssen einen Smoking bzw. kleinen Gesellschaftsanzug tragen. Die Hose hat an den Seitennähten einen aufgesetzten Satinstreifen, dazu gehört eine Jacke mit Schalkragen oder Revers aus Seide, das Kummerband, eine in Falten gelegte Schärpe aus Seide und ein weißes Hemd mit Fliege oder Schleife. Haben Sie keinen Smoking und erscheint Ihnen die Anschaffung für die Zukunft auch nicht sinnvoll, so besorgen Sie ihn sich ohne Hemmungen aus dem Kostümverleih. Bekleidung aus dem Kostümverleih ist frisch gereinigt und von bester Qualität, sie hat nichts mit Theaterausstattung zu tun.

Ein passendes Hemd mit Fliege, die Sie in jedem Fall dazu brauchen, sollten Sie aber selbst anschaffen. Dieses Hemd können Sie jederzeit auch zu einem dunklen Anzug tragen.

»Frack oder Cut«

Der Anlass zu Ihrer Einladung ist in jedem Fall großartig – ein Bankett, ein rauschender Ball oder eine große Hochzeit. Bei der Hochzeit sollten Sie sich erkundigen, was der Bräutigam trägt, denn Ihre Bekleidung sollte niemals eleganter sein als die der Hauptpersonen. Auch hier gilt der gleiche Vorschlag wie beim Smoking: Wenn Sie keinen besitzen, dann leihen Sie sich einen aus, ob beim besten Freund oder im Kostümverleih, ist egal. Zum Cut oder Cutaway gehören eine schwarz-grau gestreifte Hose ohne Umschlag, ein Jackett mit abgerundeten Schwalbenschwänzen, eine graue Weste und graue Krawatte mit weißem Hemd. Der Frack, der auch großer Gesellschaftsanzug genannt wird, besteht aus schwarzer Hose mit Doppelstreifen und schwarzem Jackett, das vorne taillenkurz und nach hinten in knielangen Schwalbenschwänzen ausläuft. Ergänzt wird dieses Ensemble durch ein weißes Frackhemd mit Manschettenknöpfen und weißer Frackschleife, eine Pikeeweste und einen schwarzen Zylinder.

Das passende – und hier immer weiße – Hemd hat eine verdeckte Knopfleiste und Doppelmanschetten.

Seltener wird der Stresemann getragen, dieser setzt sich aus einer schwarzgrau gestreiften Hose, schwarzem Jackett, weißem Hemd, grauer Weste und silbergrauer Krawatte mit Krawattennadel zusammen.

Erhalten Sie eine Einladung als Paar, dann ist es Sitte, den Dresscode an der Bekleidung der Herren auszurichten. Hat Ihre Partnerin die Einladung erhalten, entsprecht die Bezeichnung »Kleidung elegant« dem »dunklen Anzug«, das »Cocktailkleid« dem »Smoking« und das »Abendkleid« dem »Frack oder Cut«.

Offizielle und private Termine

Es gibt neben schriftlichen Einladungen auch nur mündlich ausgesprochene, die mehr oder weniger offizieller oder privater Natur sind. Manchmal verschwimmen je nach gegebener Situation auch die Grenzen zwischen den Anlässen. Manche Termine werden als solche gar nicht mehr richtig wahrgenommen.

Betrachten Sie einmal Ihren Beruf von dieser »repräsentativen« Seite. Wie sieht hier das passende Outfit aus?

Businesstermin

Wie Sie wissen, ist Qualifikation zwar wichtig, aber nicht alles. Denn Ihre gepflegte Erscheinung und Ihr selbstbewusstes Auftreten sind ausschlaggebend dafür, wie Sie auf Ihr Gegenüber z. B. bei einem Einstellungsgespräch, aber auch bei geschäftlichen Verhandlungen wirken. Sie sollten bei diesen Gelegenheiten auch nicht einen einzigen Gedanken daran verschwenden müssen, ob etwa Ihre Krawatte richtig

gebunden ist oder ob Ihr klassisch-konservativ ge-
kleidetes Gegenüber Anstoß nimmt an Ihrem legeren
Outfit in Jeans, Poloshirt und Sakko.

Stehen Sie am Anfang der Karriereleiter und möchten gerne weiter nach oben, so ist es von Vorteil,
wenn Sie sich von dem üblichen Hosen-und-Hemden-Pool wohltuend absetzen. Sie sollten nicht versuchen, Ihre Vorgesetzten be-
kleidungsmäßig auszustechen, aber neben herausragenden Leis-
tungen sollten Sie auch durch stil-sichere Bekleidung Pluspunkte
sammeln. Damit wir uns richtig

*Gedanken an
schlecht sitzende
Kleidung oder
schmerzende Füße
schaden Ihrer Pro-
fessionalität und
müssen im Voraus
gebannt werden.*

verstehen: An erster Stelle kommen Ihre Leistung
und Qualifikation, unterstützt werden Sie durch
Ihr wohl durchdachtes Outfit und gutes Auftreten.
Die richtige Mischung aus Individualität und Profes-
sionalität macht's.

Ein heller Anzug und eine oder mehrere Hosen-
Sakko-Kombinationen für den Frühling und Sommer
und das Gleiche etwas dunkler für den Herbst

und Winter sind optimale Voraussetzungen für Ihre Grundgarderobe. Hemden und Krawatten, die zu möglichst vielen dieser Kombinationen passen, ergeben weitere Variationsmöglichkeiten, die Sie außerhalb beruflicher Zwänge auch noch durch Jeans und Lederjacke ergänzen können.

Berufliche Abendtermine

Ein geschäftliches Abendessen erfolgt oft direkt im Anschluss an die Arbeitszeit. Haben Sie daher keine Möglichkeit, sich vorher zu Hause umzuziehen, dann tragen Sie tagsüber schon einen dunklen Anzug mit einer helleren, gemusterten Krawatte, oder Sie tragen anstelle der Anzugjacke im Herbst oder Winter einen dünnen Wollpullover über dem Hemd. Am Abend wechseln Sie die Krawatte gegen eine elegantere aus bzw. tauschen den Pullover dann gegen das Sakko.

Achten Sie am besten auch immer darauf, wie Ihre Kollegen vorgehen, denn Sie wollen sich schließlich nicht den Ruf eines geckigen Außenseiters einhandeln.

Sind Sie zum Abendessen bei Ihrem Chef eingeladen, ist es empfehlenswert, sich an ihm zu orientieren. Erkundigen Sie sich auch hier bei Kollegen. Legt er zu Hause das Sakko ab und trägt eine legere Jacke oder nur ein Hemd, dann erwartet er von Ihnen sicher keine große Abendgarderobe. Ist er sehr korrekt in Stilfragen, wäre ein gedeckter Anzug die richtige Wahl.

Theater und Konzert

Längst gibt es bei diesen Veranstaltungen keine Kleidervorschriften mehr, und manchmal ist man versucht, das zu bedauern. Schließlich gehen die wenigsten von uns ständig zu Vergnügungen dieser Art.

Kleidervorschriften sind zwar passé, aber angemessene Bekleidung stimmt auch geistig auf den Anlass ein.

Es muss ja nicht die große Galarobe sein, die wäre sowieso bis auf wenige Ausnahmen übertrieben. Aber ein Anzug oder eine Kombination fürs Theater mit Hemd und Krawatte sind sicher nicht zu viel verlangt. Besondere Akzente setzen Lackschuhe, hübsche Einstecktücher oder kleidsame Hemden mit Biesen und verdeckter

Knopfleiste. Anders ist es in großen Theaterhäusern: Zu Premierenaufführungen ist ein Smoking oder dunkler Anzug erforderlich, und zu einer Gala-Opernpremiere erscheinen Sie im Frack.

Beerdigung

Tragen Sie überwiegend oder komplett dunkle Kleidung. Zu einem dunklen oder schwarzen Anzug gehören ein weißes Hemd mit schwarzer Krawatte, dazu schwarze Strümpfe und Schuhe. Im Winter ist ein Mantel in gedeckten oder dunklen Farben angebracht. Gehen Sie direkt von der Arbeit zur Trauerfeier, dann binden Sie am linken Arm über Ihre Jacke oder den Mantel einen schwarzen Trauerflor.

Hochzeit

Der Bräutigam trägt einen schwarzen Anzug, Cut oder Frack, keinesfalls einen Smoking, denn der ist vor 19.00 Uhr nicht für die Öffentlichkeit bestimmt. Die eingeladenen Herren erscheinen im dunklen Anzug oder entsprechend des vorgeschriebenen Dresscodes auf der Einladung.

Kleine Stilsünden, die Sie sich nicht leisten sollten

Manchmal schleichen sich im Laufe eines Lebens kleine Eigenheiten als »Dauerbrenner« ein, deren man sich selbst nicht mehr bewusst ist, die aber bei einem stilistisch bewanderten Gegenüber unwillige Reaktionen auslösen. Sabotieren Sie also nicht länger Ihr gutes Image, und verpassen Sie nicht wertvolle Chancen in der Liebe und im Beruf! Prüfen Sie, ob Sie sich eventuell zu einer der folgenden Stilsünden schuldig bekennen müssen:

❖ Sie krempeln die Ärmel Ihres Sakkos oder Blousons in Bauarbeitermanier bis in Ellbogenhöhe um.

❖ Zwischen Hosenbein und Schuhen blitzen hygienisch einwandfreie weiße Baumwollsocken heraus.

❖ Sie ziehen beim Sitzen die Hosen so weit hoch, dass die (unbekleideten) Waden zu sehen sind.

❖ Um es sich bequem zu machen, öffnen Sie beim Sitzen den Knopf am zu engen Hosenbund.

❖ Damit die Krawatte beim Essen nicht beschmutzt wird, werfen Sie sie über die Schulter nach hinten.

❖ Sie lockern die Krawatte und öffnen den obersten Hemdknopf. (Vorsicht: Das bedeutet körpersprachlich, das Wasser steht Ihnen bis zum Hals!)

❖ Sie ersetzen beim Abendanzug den Gürtel durch hübsche bestickte Hosenträger.

❖ Aus Bequemlichkeit verzichten Sie überhaupt lieber auf einen Gürtel.

❖ Sie tragen braune Schuhe zum dunklen Anzug oder zum Abendanzug.

❖ Ihre Schuhe sind ungepflegt und benötigen dringend den Schuster.

❖ Zu einer Einladung erscheinen Sie am Nachmittag mit einem Smoking (der erst ab 19.00 Uhr getragen werden sollte).

❖ Sie sind fast zwei Meter groß und tragen, weil es gerade Mode ist, ein taillenkurzes Sakko.

❖ Sie legen, kaum dass Sie in einem überheizten Raum ankommen, das Jackett ab, bevor der Hausherr durch sein Beispiel vorangeht.

❖ Sie lassen beim Stehen und Gehen die Knöpfe Ihres Sakkos geöffnet und wirken dadurch eingezwängt und starr.

Die Autorin Heidi Grund-Thorpe, Modegrafikerin, Grafikdesignerin und Lehrerin, arbeitet seit mehreren Jahren im Kreativbereich für Frauenzeitschriften und Verlage. Sie hat bereits zahlreiche Bücher zum Thema Mode und Styling veröffentlicht.

Haftungsausschluss Die Inhalte dieses Buches sind sorgfältig recherchiert und erarbeitet worden. Dennoch kann weder die Autorin noch der Verlag für die Angaben in diesem Buch eine Haftung übernehmen.

Bildnachweis Alle Fotos Inge Ofenstein, München, mit Ausnahme von: Image Bank Bildagentur GmbH, München: 115 (Brown), 121 (Silva), 130 (Lockyer); MEV Verlag GmbH, Augsburg: 2

Wir bedanken uns bei den Firmen Karstadt Oberpollinger, München, für die Bereitstellung der Bekleidung und Accessoires; Kammermeier Optik, München, für Brillen und Sonnenbrillen

Impressum Es ist nicht gestattet, Abbildungen und Texte dieses Buches zu digitalisieren, auf PCs oder CDs zu speichern oder auf PCs/Computern zu verändern oder einzeln oder zusammen mit anderen Bildvorlagen/Texten zu manipulieren, es sei denn mit schriftlicher Genehmigung des Verlages.

Sonderausgabe für Droemersche Verlagsanstalt
Th. Knaur Nachf. GmbH & Co., München
© 2002 Verlagsgruppe Weltbild GmbH, Augsburg
Alle Rechte vorbehalten

Projektleitung: Friederike Lutz
Redaktion: agentur Z, Gesa Gunturu
Bildredaktion: Susanne Allende
Umschlag/Titelbild: Zero Werbeagentur, München
Illustrationen: I. O. Montana
Farbgrafiken: Heidi Grund-Thorpe
Innenlayout und Satz: KL-Grafik, München
Reproduktion: Uhl + Massopust, Aalen
Druck und Bindung: Offizin Andersen Nexö – ein Betrieb der
INTERDRUCK Graphischer Großbetrieb GmbH, Leipzig

Gedruckt auf chlorfrei gebleichtem Papier
Printed in Germany
ISBN 3-426-66450-X

Stichwortverzeichnis